OEUVRES DE MOLIÈRE

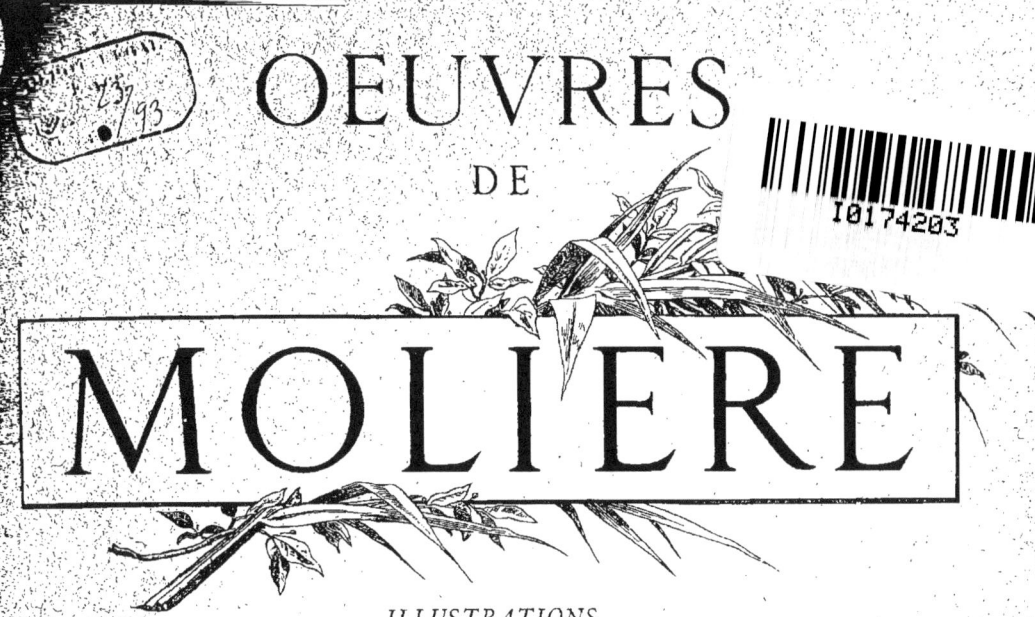

ILLUSTRATIONS

PAR

MAURICE LELOIR

POÉSIES DIVERSES

PARIS
CHEZ ÉMILE TESTARD, ÉDITEUR
18, RUE DE CONDÉ, 18

MDCCCXCIII

OEUVRES

DE

J.-B. P. DE MOLIÈRE

POÉSIES DIVERSES

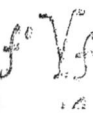

JUSTIFICATION DU TIRAGE

Il a été fait pour les Amateurs un tirage spécial sur papier de luxe à 550 exemplaires, numérotés à la presse.

		NUMÉROS
125 exemplaires sur papier du Japon.		1 à 125
75 — sur papier de Chine.		126 à 200
150 — sur papier Vélin à la cuve.		201 à 350
200 — sur papier Vergé de Hollande.		351 à 550

OEUVRES DE

MOLIÈRE

ILLUSTRATIONS
PAR
MAURICE LELOIR
NOTICES
PAR
A. DE MONTAIGLON

POÉSIES DIVERSES

PARIS
CHEZ ÉMILE TESTARD, ÉDITEUR
18, RUE DE CONDÉ, 18

MDCCCXCIII

NOTICE
DES POÉSIES DIVERSES

aurait-il quelque chose de plus curieux que de connaître les essais des grands écrivains et de constater leur point de départ, leur progrès et leur montée ; Balzac s'annonce déjà dans les romans d'Horace de Saint-Albin. Grâce aux Recueils, aux Revues, aux Journaux de toute sorte, où l'on imprime de très et parfois de trop bonne heure, on le sait pour quelques modernes ; on l'ignore pour les vieux maîtres, qui ont cependant commencé aussi par s'essayer. Les *Bucoliques* ne sont pas les premiers vers de Virgile, et les *Juvenilia* qu'on lui attribue ne sont rien moins que certains ; La Bruyère a dû beaucoup écrire avant d'arriver à pouvoir ciseler ses *Caractères* comme il l'a fait, et les vers de l'*Etourdi*, dans leur liberté pittoresque, ne peuvent pas être le coup d'essai de Molière. Mais, si, dans les deux seules Farces de lui qui aient subsisté, nous avons l'embryon de son Théâtre et de sa prose comique, on n'a rien de pareil pour ses vers.

I. On sait qu'il avait traduit l'admirable poème de Lucrèce, ce qui est bien naturel à un disciple de Gassendi, et, par là même, cette traduction pourrait bien avoir été à Paris le premier travail de sa jeunesse, avant qu'elle se fût tournée du côté du théâtre. C'était un mélange de vers et de prose, — la prose pour les développements philosophiques abstraits, les vers pour les envolées poétiques, comme entre autres l'invocation à Vénus.

L'Abbé de Marolles, qui a eu pour sa traduction quelques conseils du vieux Gassendi, a parlé en 1659, dans sa Préface, de celle de Molière ; mais il ne l'a connue que de très loin et ne fait une allusion positive qu'à deux ou trois stances du commencement du second Livre, « qui lui ont « semblé fort justes et fort agréables ».

Qu'est-ce donc que le commencement du second Livre ? Le célèbre morceau *Suave mari magno* : « Il est doux, quand les vents troublent la « grande mer, de contempler de la terre le péril des autres, non qu'il soit « agréable de voir le malheur, mais parce que ce sont des maux dont on « ne souffre pas », et plus loin : « Misérables âmes, cœurs aveugles !... » A coup sûr, c'est là un thème à de belles stances. Il en est d'autant plus regrettable de ne pas avoir celles de Molière.

Il avait continué de s'intéresser à cette traduction de Lucrèce, à laquelle il a dû revenir plus d'une fois ; elle a même été terminée, puisque en 1664, au dire de Brossette, il la devait lire chez Monsieur Du Broussin ; mais, Boileau y ayant récité son Epître à Molière, celui-ci remplaça la lecture de sa traduction de Lucrèce par celle du premier acte du *Misanthrope*, qui ne devait être terminé et paraître que deux ans plus tard. Enfin, les Notes manuscrites de Tralage sur l'histoire des Théâtres de Paris au xviie siècle, publiées seulement en 1880, nous apprennent que le manuscrit en avait été vendu par la veuve de Molière, avec celles de ses *Pièces*, encore inédites, qui forment les deux derniers volumes de l'édition de 1682 :

« Le Sieur Thierry a payé cent escus, ou quinze cens livres, à la veuve de Molière pour les Pièces qui n'avoient pas été imprimées du vivant de l'auteur, comme sont le *Festin de pierre*, le *Malade imaginaire*, les *Amans magnifiques*, la *Comtesse d'Escarbagnas*, etc. Le Sieur Thierry n'a point voulu imprimer ce que Molière avoit traduit de *Lucrèce ;* cela estoit trop fort contre l'immortalité de l'âme, à ce qu'il dit. »

Comme Tralage ajoute que Thierry, par un semblable scrupule, avait fait consentir Barbin à supprimer l'édition originale des *Contes* de La Fontaine qu'ils avaient publiée ensemble, il est bien probable que Thierry ne s'est pas contenté de ne pas imprimer la traduction de Lucrèce, mais qu'il a dû la détruire; si on la retrouve jamais, ce ne sera pas la copie achetée par lui.

Un seul fragment en garde le souvenir, le charmant couplet d'Eliante à Alceste et à Célimène dans le second acte du *Misanthrope*, qui vient d'un merveilleux passage du Livre IV ;

> *Et l'on voit les Amants toujours vanter leur choix...*
> *Et dans l'objet aimé tout leur devient aimable...*
> *La pâle, etc.*

On se souvient de la scène exquise du *Dépit amoureux*, qui vient du *Donec gratus eram*; on se souvient moins que plus tard Molière a donné de l'Ode d'Horace une charmante traduction en vers, perdue dans les *Amants magnifiques,* que trop de gens ne lisent pas. Voilà une poésie de Molière qui serait excellente à ajouter ici à ses *Poésies diverses*, si on ne devait la retrouver bientôt dans la *Pièce* où il lui a donné place.

II. On pourrait, si on voulait à tout prix grossir les Poésies de Molière, tirer de toutes ses Comédies écrites pour des Fêtes, et réunir les chansons et les chœurs de leurs Intermèdes et de leurs Entrées ; mais cela en vaudrait-il la peine, et ne vaut-il pas mieux les laisser où elles sont ? Que gagne Molière à ce qu'on relève le premier couplet, conservé par d'Assoucy, d'une chanson écrite par eux à Béziers, à la fin de 1656, en l'honneur de Christine de France, Duchesse de Savoie :

> *Loin de moi, loin de moi, tristesse,*
>   *Sanglots, larmes, soupirs,*
>   *Je revois la Princesse,*
>   *Qui fait tous mes désirs.*
>   *O célestes plaisirs,*
>   *Doux transports d'allégresse !*
>   *Viens, Mort, quand tu voudras,*
>   *Me donner le trépas ;*
>   *J'ai revu ma Princesse.*

Sans l'assertion formelle de d'Assoucy, qui oserait donner à Molière une pareille platitude ? Beaucoup de ses vers à chanter ne sont guère meilleurs. Il n'y est, ni un chansonnier original, ni un lyrique ; ce sont des lieux communs faciles, auxquels il est impossible de croire qu'il attachât lui-même aucune importance. Il les a écrits *per la musica*, et Quinault sous ce rapport est bien au-dessus de lui. Si les siens n'étaient pas authentiques pour faire corps avec les Pièces elles-mêmes, il ne viendrait à personne l'idée de les lui attribuer. Ovide a dit de lui-même que tout ce qu'il essayait d'écrire devenait un vers; dès que Molière a touché au Théâtre, tout ce qu'il pensait y tournait, devenait une action, une situation, un caractère, une scène, un dialogue ; c'est là où il a été poète.

On a trop voulu mettre à son compte des pièces, signées *M*, ou même *Molière*, qu'on trouve dans les nombreux Recueils du temps, imprimés ou manuscrits. Il faut s'en tenir à ce qui est signé *J.-B. Poquelin de Molière*, car il y a plus d'un contemporain dont le nom commence par un M : Motin, Montreuil, Marigny, Magnon, d'autres encore, et même deux autres Molière, dont c'était le vrai nom. L'un, un peu antérieur puisqu'il est du commencement de Louis XIII, est François de Molière, surtout romancier; mais il a fait des vers, et sa femme en a écrit aussi. L'autre, absolument contemporain de Molière et qui lui a survécu puisqu'il est mort en 1688, est Louis de Mollier ou de Mollière, qui est loin d'avoir été le premier venu, car ses talents étaient des plus variés. Il était poète, musicien habile, exécutant supérieur, excellent danseur même, et, avec ses filles, qui étaient de remarquables chanteuses, il a figuré à côté de Molière et même dans les propres Pièces de celui-ci qui l'a éclipsé. On peut s'étonner qu'on ne lui ait pas encore consacré une étude spéciale et approfondie ; comme auteur et acteur de Ballets, il appartient à l'histoire du Théâtre, et sa monographie se mettrait à merveille à côté des études sur Molière, auquel il touche et qu'elle ne serait pas sans éclaircir.

Devant toutes ces possibilités de confusion et d'erreur, le plus sage comme le plus juste est d'être très sévère dans les attributions à Molière et de n'admettre que ce qui serait absolument authentique. Il vaudrait même mieux se tromper dans l'autre sens et lui refuser un morceau qui pourrait être de lui que de lui en attribuer qui n'en seraient pas. Molière est un grand Comique ; ce n'est pas un poète de petits vers. Sauf un, ses sonnets sont plutôt médiocres ; dans ses Poésies diverses, il n'y en a que deux qui comptent, le *Remerciement au Roi* et la *Gloire du Val-de-Grâce*. Ce sont les seules qui soient réellement dignes de sa pensée et de sa plume.

III. La date du *Remerciement au Roi* n'est pas douteuse. Sans parler des éditions où il se trouve dès 1666 et de la place très variable où il a été mis, l'édition originale, publiée à part, naturellement fort mince et plus faite pour être offerte que vendue, a paru au Palais, chez Guillaume de Luynes et Gabriel Quinet, à la date de 1663.

L'*Ecole des Femmes* avait été jouée le 26 décembre 1662 ; la *Critique* le fut le 1er juin 1663, et l'*Impromptu de Versailles* à la fin de la même année. Le témoignage de Robinet montre que le *Remerciement* est antérieur à l'*Impromptu*, et le *Registre* de La Grange assure qu'il est même antérieur à la *Critique*, puisqu'il en parle à l'époque des vacances de Pâques. Fut-il récité devant le Roi à la suite d'une Pièce jouée à la Cour, ou lui fut-il envoyé d'abord manuscrit, puis imprimé à part comme le *Remerciement* du vieux Corneille et celui du jeune Racine dans son Ode de *La Renommée aux Muses*? La seconde hypothèse est la plus probable.

Le *Remerciement* ne porte pas d'ailleurs sur le succès et l'approbation de l'*Ecole des Femmes*, mais sur l'octroi de la pension de mille livres qui fait partie de la fameuse liste des pensions aux écrivains dressée, au commencement de l'année, par Chapelain sur les ordres de Colbert et acceptée par le Roi. On s'est à tort étonné de la somme attribuée à Molière alors que Benserade et Cottin, alors en grande estime, y figurent pour 1500 livres et pour 1200. Le vieux Corneille y figure pour 2000 livres, Thomas Corneille pour 1000 livres comme Molière, et le jeune Racine, qui n'était encore connu que par son Ode des *Nymphes de la Seine*, — sa première Pièce est de 1664 — pour 800 livres. Mais Molière y est le seul auteur comique et surtout le seul Comédien ; la grâce en était donc très personnellement flatteuse, et Molière en a dû être profondément touché et reconnaissant. Ajoutons qu'elle lui fut maintenue toute sa vie et qu'elle se retrouve chaque année, de 1663 à 1672, dans les Comptes des Bâtiments maintenant publiés. Si administrative que soit la sécheresse du Compte officiel, le nom de Molière y est accompagné d'une ligne élogieuse. C'est d'abord seulement « par gratification », plus tard « en considération des Pièces de Théâtre qu'il donne au public ». Dans la liste, de 1663 même, qui se trouve dans les Manuscrits de Colbert, la mention « Excellent Poète comique » est, comme on voit, absolument précise ; c'est l'homme et son œuvre que le Roi récompensait. Comme ce n'était pas la seule somme que Molière touchât du Roi pour lui et sa Troupe, la grâce n'en était que plus précieuse. Robinet, dans sa petite Comédie « Panégyrique de l'Ecole des Femmes, « ou la Conversation comique sur les œuvres de M. de Molière », ne s'y est pas trompé :

« Avez-vous vu le *Remerciement* qu'il a fait sur sa pension de Bel-Esprit? Rien n'a été trouvé si galand ni si joli. C'est un portrait de la Cour, trait pour trait. On y voit la Cour comme si l'on y estoit, les habits, la façon d'agir des Courtisans; enfin tout vous y paroit jusques au son de voix. »

IV. Une chose doit être encore remarquée. Avant les vers libres du *Sicilien*, de l'*Amphitryon* et de *Psyché*, le *Remerciement* est le premier essai de Molière en vers libres; cela permet d'ajouter à ce qui a été dit de ceux du *Sicilien* un passage de Molière bien considérable, où il en donne la théorie et ses raisons pour les défendre et les pratiquer. Il l'a même fait un peu dans tous les temps; car, on l'a d'ailleurs remarqué, on rencontre çà et là dans ses Pièces en prose, postérieures au *Sicilien*, plus d'un couplet entièrement écrit en vers libres non rimés, comme si, par là, il avait voulu le détacher et, sans en avoir l'air, lui donner, grâce à l'harmonie mesurée, une sonorité et une importance plus considérables.

Ce curieux passage se trouve dans la leçon de chant du *Malade imaginaire*, sa dernière Pièce. S'il n'est pas plus connu, et si je ne sache pas qu'on l'ait fait encore intervenir à propos du *Sicilien*, c'est qu'au théâtre, et par conséquent dans beaucoup d'éditions, la scène, trouvée trop longue, a été, depuis longtemps du reste, remaniée et très accourcie; le passage est resté sur le carreau, et plus d'un Moliériste a été fort étonné quand je le lui ai signalé, avec mon regret de ne pas l'avoir connu et employé, à la place où il convenait, dans la Préface du *Sicilien*, qu'il vient corroborer d'une façon aussi particulière qu'inattendue.

Cléante (acte II, scène IV) s'est introduit chez Argan pour remplacer le Maître de musique qui était « allé aux champs », et à un moment, Argan lui dit :

« Monsieur, faites un peu chanter ma Fille devant la Compagnie. — *Cléante :* J'attendois vos ordres, Monsieur; il m'est venu en pensée de chanter avec Mademoiselle une Scène d'un petit Opéra qu'on a fait depuis peu. Tenez; voilà vostre partie. — *Angélique :* Moy? — *Cléante :* Ne vous défendez point, s'il vous plaît, et me laissez vous expliquer la scène que nous devons chanter... — *Argan* : Les Vers en sont-ils beaux ? — *Cléante* : C'est proprement un petit Opéra impromptu, et vous allez n'entendre chanter que de la Prose cadencée, ou des manières de Vers libres, tels que la passion et la nécessité peuvent faire trouver à deux personnes qui disent les choses d'eux-mesmes et qui parlent sur-le-champ. »

Suit le commencement d'un duo d'amour, très tendre, que le Père interrompt :

« Et que dit le Père à tout cela ? — *Cléante* : Il ne dit rien. — *Argan* : Voilà un sot Père que ce Père-là, de souffrir toutes ces sottises-là sans rien dire... En voilà assez... Montrez-moi ce papier. Ha, ha ! Où sont donc les paroles que vous avez dites ? Il n'y a là que de la musique écrite. — *Cléante* : Est-ce que vous ne savez pas, Monsieur, qu'on a trouvé depuis peu l'invention d'écrire avec les notes mesmes ? »

La défaite est jolie, mais on ne saurait mieux dire que le tout est donné comme complètement improvisé. Dans les vers, quelques-uns riment à la diable, quand la rime, assez incertaine, vient en quelque sorte d'elle-même ; mais, sur les trente-cinq vers, il y en a treize qui ne riment pas du tout. C'est, comme l'a dit Cléante, « de la Prose cadencée, ou « des manières de Vers libres, tels que la passion ou la nécessité peuvent « faire trouver à deux personnes qui parlent sur-le-champ ». Molière ne nous donne-t-il pas, lui-même, la raison d'être, la théorie et comme l'art poétique de ceux de ses couplets épars qui sont en vers libres non rimés, et de ceux du *Sicilien* ? Mais ceux là vont du commencement de la Pièce jusqu'à la fin.

V. Le Sonnet sur la mort du fils de La Mothe Le Vayer est certainement le meilleur que Molière ait écrit. Il est accompagné d'un billet au père. Tous deux ont été imprimés dès 1678 dans le « Recueil des Poésies « galantes en prose et en vers de Mme la Comtesse de la Suze », et on en a trouvé un meilleur texte dans les Recueils manuscrits de Conrart. Une lettre de Guy Patin, du 26 septembre 1664, nous en donne la date :

« Nous avons ici un honnête homme bien affligé. C'est M. de La Mothe Le Vayer, célèbre écrivain, ci-devant Précepteur du Duc d'Orléans. Il avait un fils unique d'environ trente-cinq ans, qui est tombé malade d'une fièvre continue, à qui MM. Esprit, Brayer et Bodineau ont donné trois fois de l'émétique et l'ont envoyé au Pays d'où personne ne revient. »

Si Patin l'eût soigné, au lieu de lui donner du quinine, il l'eût purgé et saigné à blanc. L'eût-il sauvé? Personne n'en saura jamais rien.

Il n'y a pas ici à parler de François de La Mothe Le Vayer, nommé de l'Académie Française depuis 1636 à cinquante-deux ans, et mort très vieux en 1672. Il a beaucoup écrit, d'un style un peu lourd, mais avec un pyrrhonisme aimable, qu'on a fort apprécié de son temps. Le singulier c'est que, trois mois après la mort de son fils, il se remaria — pour un philosophe, qui n'avait, dit-on, pas à se louer de son premier mariage, c'était au moins de la bravoure — avec la fille de l'Ambassadeur de France à Constantinople. Elle avait quarante ans; mais, pour un homme de soixante-dix-huit, ce n'était peut-être pas un chef-d'œuvre de bon sens et de raison; il lui eût été si facile de rester tranquille et de mourir veuf.

C'est son fils qui nous intéresse. Nous savons par Brossette qu'il était grand admirateur de Molière, qui nous a donné dans son Sonnet la preuve de leur amitié. C'était aussi l'ami de Boileau; la quatrième Satire sur la folie des hommes, adressée à M. l'Abbé Le Vayer, est de 1664, l'année même de sa mort, et l'honnête Boileau a toujours maintenu le nom :

> *D'où vient, cher Le Vayer, que l'homme le moins sage*
> *Croit toujours seul avoir la sagesse en partage*
> *Et qu'il n'est point de fou, qui, par belles raisons,*
> *Ne loge son voisin aux Petites-Maisons?*

Un ami de Molière et de Boileau, et qui leur a inspiré à tous deux de pareils hommages, n'a pu être qu'un galant homme fort intelligent. L'œuvre qu'on en cite le plus ordinairement, est une édition et une traduction de l'*Epitome* de l'Histoire Romaine de Lucius Annæus Florus, avec des remarques qui ne sont pas sans valeur. Elle a été imprimée en 1656, à Paris, chez Augustin Courbé et réimprimée en 1661. Il la donne, dans une préface un peu Courtisanesque — c'était la note du temps — comme mise en français sur les traductions de Monsieur, Frère unique du Roi, alors Duc d'Anjou et âgé seulement de quinze ans et demi. C'était celui dont La Mothe Le Vayer le père avait été le précepteur, et le fils l'avait quelquefois remplacé; mais on sait ce que valent ces attributions de travaux à des élèves royaux ou princiers. Loin d'y avoir travaillé, ils n'ont fait que s'y ennuyer, mais ils trouvent et l'on trouve autour d'eux très naturel qu'on les leur attribue et qu'on leur en fasse honneur.

Voilà sur l'abbé Le Vayer ce qu'on trouve un peu partout; on y peut ajouter. Ce sera surtout grâce aux indications que je dois à M. Paul Le Vayer, inspecteur des travaux historiques de la ville de Paris; il est de la famille, et devrait bien lui consacrer une étude généalogique et littéraire, dont il pourrait faire un livre fort intéressant.

La première femme du père de l'Abbé, Hélène Blackwood, doit être parente d'Adam Blackwood, le savant Écossais qui mourut à Poitiers en 1613; elle épousa d'abord Georges Critton, mort en 1611, Professeur au Collège de France. Dix-sept ans plus tard, elle se remaria, en 1628, avec La Mothe Le Vayer, et leur fils, appelé comme lui François, naquit en 1629. Le misérable incendie des Archives de l'État civil au commencement de 1871 ne permet plus d'y rechercher la date précise. Il eut pour précepteur Jean Le Royer de Prades, qui lui dédia en 1649 son ouvrage *Trophée d'armes héraldiques*, où il n'a pas manqué de citer celles des Le Vayer, de gueules, à la croix d'argent chargée de cinq tourteaux de gueules.

L'élève fit honneur à son maître comme à son père, car il fut successivement Prêtre, Docteur en Théologie de la Maison de Sorbonne, Aumônier de la Grande Mademoiselle, fille de Gaston, et, en 1661, Abbé commendataire d'une abbaye Cistercienne du diocèse d'Auch, située sur la commune de Fleurance, dans le Gard. Le *Gallia christiana* nous apprend que cette fille de l'Abbaye de l'Escalle-Dieu, au diocèse de Tarbes, a porté plus d'un nom, d'abord celui de Gondon, puis de Notre-Dame de Portaglonio, du nom d'une terre qui lui fut donnée au XIIe siècle, par le Sieur de Brouillas. La qualification d'Abbé appliquée à François Le Vayer n'est donc pas générale mais formelle; il a été le trente et unième Abbé de Brouillas.

Il a d'ailleurs plus travaillé qu'on le croit. Il est l'auteur de l'épitaphe de la vieille Mlle de Gournay, la fille d'alliance de Montaigne, morte en 1635 et grande amie de son père puisqu'elle lui a légué sa bibliothèque.

Dans la liste des pensions de 1663, il figure comme « Savant ès Belles-Lettres », en même temps que Molière et pour la même somme de mille livres. L'Abbé Le Vayer a publié trois éditions des œuvres de son père, en 1653, 1657 et 1662; la dernière est dédiée au Roi, et cette dédicace fut probablement la cause de l'octroi de cette pension.

C'est l'édition de Florus qu'on cite toujours à propos de lui, mais il a publié une sorte de roman, en prose et en vers, qui est pour nous aujourd'hui beaucoup plus curieux.

On sait l'avalanche et le déluge de railleries et de satires écrites sur le pauvre Pierre de Montmaur, quoique Professeur de grec au Collège de France, à cause de son érudition pédantesque, de son parasitisme malgré sa fortune, et peut-être encore plus des malins lardons dont son esprit moqueur criblait libéralement ses contemporains, érudits et littérateurs. Mal lui en prit, car elles lui attirèrent d'amusantes ripostes, plus publiques que ses bons mots; elles tombèrent sur lui comme une grêle, en se renouvelant constamment. Ce fut à qui se mettrait de la partie, qui devint comme un jeu et un tournoi de beaux esprits sur le thème du Parasite, et le souvenir en subsiste encore.

Ménage, dans la *Vita Gargilii Mamurræ* de 1636, Adrien de Valois en 1643; Balzac, dont le *Barbon* est de 1648; Sarrasin dans son *Bellum parasiticum*; le P. Sirmond, le P. Le Vavasseur; Dalibray dans l'*Anti-Gomor*, ne furent pas les seuls à se mettre de la campagne, et Bayle, dans son article *Montmaur*, a parlé en détail de cette petite guerre.

L'Abbé Le Vayer ne vint que l'un des derniers. C'est à vingt et un ans en 1650, deux ans après la mort du pauvre homme, qu'il fit paraître *Le Parasite Mormon*, dédié à son cousin Roland Le Vayer de Boutigny, plus tard Maître des Requêtes et Intendant de Soissons. Le style en est alerte, et il se peut lire à côté du *Barbon*. Qui sait même si l'allusion mise en 1660 par Boileau dans sa première satire, où il a remplacé plus tard le nom de Pelletier par celui de Colletet :

> *Pendant que Pelletier, crotté jusqu'à l'échine,*
> *S'en va chercher son pain de cuisine en cuisine,*
> *Savant dans ce métier si cher aux Beaux esprits*
> *Dont Montmaur autrefois fit leçon dans Paris,*

n'est pas un souvenir des plaisanteries de son jeune ami ? On pourra, plus facilement que l'édition originale, lire le petit roman de l'Abbé dans la réimpression donnée par Sallengre, en 1715, dans le second volume de son *Histoire de Pierre de Montmaur*, qui est comme la Bibliothèque et le *Corpus* de ce jeu d'esprit.

En 1649 et 1651, Roland Le Vayer de Boutigny lui dédia les deux premières parties de son roman de *Mithridate*, et il figure, sous le nom d'Ergaste, dans le roman de *Tarsis* et *Zélie* par le même Le Vayer de Boutigny qui est comme la *Clélie* du Maine, auquel appartenait une partie de la famille des Le Vayer. La première édition est de 1656; dans celle de 1665, le rôle d'Ergaste est très augmenté, son portrait embelli et sa fin malheureuse déplorée. On ne lit guère aujourd'hui *Tarsis et Zélie;* on le regarde pourtant, et on le paie un gros prix. Il est vrai que c'est la réimpression en trois volumes donnée par le libraire Musier fils en 1774, avec la brillante illustration d'Eisen; c'est l'une de ses œuvres les plus charmantes.

Ajoutons sur le Sonnet de Molière, dont l'accent ému est si visible, qu'il venait de perdre son premier enfant, Louis, celui dont Louis XIV et Madame Henriette d'Angleterre, duchesse d'Orléans, furent le parrain et la marraine, et qui, né le 19 janvier 1664, mourut à huit mois le 12 novembre. L'Abbé Le Vayer étant mort en septembre, le Sonnet de Molière doit être de novembre ou de décembre 1664; il s'en est plus souvenu que le père lui-même. Quand plus tard, en 1671, il a eu à exprimer la douleur du Roi, père de Psyché, qui croit envoyer sa fille à la mort, il lui a fait dire :

> *Ah! ma Fille, à ces pleurs laisse mes yeux ouverts;*
> *Mon deuil est raisonnable, encor qu'il soit extrême,*
> *Et, lors que pour toujours on perd ce que l'on aime,*
> *La Sagesse, crois-moi, peut pleurer elle-même.*
>   *En vain l'orgueil du diadème*
> *Veut qu'on soit insensible à ces cruels revers;*
> *En vain de la Raison les secours sont offerts*
> *Pour vouloir d'un œil sec voir mourir ce qu'on aime;*
> *L'effort en est barbare aux yeux de l'Univers,*
> *Et c'est brutalité plus que vertu suprême.*

Bien des lecteurs de *Psyché* ne se doutent pas qu'ils ont affaire aux deux premiers quatrains du Sonnet sur la mort de l'Abbé Le Vayer.

VI. Les *Stances* se trouvent dans les *Délices de la Poësie galante*, publiées chez Ribou en 1666 avec la seule signature « Molière ». Elles sont aussi élégantes et spirituelles que cherchées et contournées; mais leur simplicité apparente n'est que dans les mots et point dans la pensée. Il n'est pas impossible, mais il est peu probable, qu'elles soient de Poquelin; elles seraient plutôt de Louis de Molière. Depuis qu'Aimé Martin les a recueillies dans son édition de 1845, elles ont été admises, bien qu'avec réserves, dans les éditions critiques les plus récentes ; c'est ce qui nous les fait reproduire à notre tour pour en laisser juge le lecteur. Elles ont, à coup sûr, une certaine grâce, mais elles paraissent bien *précieuses* pour que leur attribution à Molière soit autre chose que très incertaine.

VII. Dans le titre du Sonnet en Bouts-rimés, les mots : « Commandés sur le bel air » sont assez énigmatiques. Dès qu'il y eut des Sonnets en Italie, on en mit en musique ; l'on avait fait de même en France au xvie siècle, où l'on a chanté des Sonnets de Ronsard et de Desportes ; mais il n'est pas probable que le sens soit ici « sur l'air qu'on appelle « *le bel air* ». Cela doit vouloir dire : « Dans le goût et à l'adresse des gens « du bel air », peut-être même avec une légère pointe d'ironie masquée sous la politesse de la forme. Par contre, l'authenticité du Sonnet n'est pas douteuse puisqu'il a paru, à la suite de *La Comtesse d'Escarbagnas*, dans les Œuvres posthumes de l'édition de 1682.

Ni la Pléiade, ni le temps de Malherbe, et il faut leur en savoir gré, n'ont connu les Bouts-rimés, dont l'éclosion ne s'est produite que sous Louis XIV. Ce peut être encore, à l'occasion, un agréable passe-temps de salon, comme le jeu des petits papiers, et ceux qui ne trouve-raient à eux tout seuls ni une rime ni une idée s'étonnent et s'amusent que des rimes, presque toujours des substantifs, naturellement choisies pour leur bizarrerie discordante, leur fassent facilement venir des idées inattendues, et il est curieux de voir combien les mêmes donnent à cha-cun un thème et un motif très différents. Il y a des bouts-rimés drôles ou spirituels ; il n'y en a pas de beaux, de vraiment poétiques ni de grande allure, et l'abus en devient vite insupportable et odieux.

Ils ont pourtant fait rage à un moment du xviie siècle, et Sarrazin a improvisé là-dessus une jolie satire dans son poème plaisant : *Dulot vaincu, ou la défaite des Bouts-rimés*, qui est de 1656. Il y avait eu un gros recueil de ces fadaises imprimé en 1649, et l'avalanche de Bouts-rimés sur la mort du perroquet d'une Dame de Qualité est de 1654. Il fallait réagir ; ce fut Sarrazin qui se chargea de l'exécution, en s'en prenant à celui dont ce méchant goût se trouvait être venu, et Ménage en a, dans la préface de ce badinage, plaisamment raconté la genèse :

« Les Bouts-rimés n'ont été connus que depuis peu de temps. L'extravagance d'un poëte ridicule, nommé Dulot — c'était un Prêtre de Normandie, un moment attaché à Retz pendant qu'il était Coadjuteur de son oncle — donna lieu à cette invention. Un jour, comme il se plaignoit, en présence de quelques personnes, qu'on lui avoit dérobé quelques papiers et particulièrement trois cents Sonnets qu'il regrettoit plus que le reste, quelqu'un s'étonnant qu'il en eût fait un si grand nombre, il répliqua que c'étoit des Sonnets en blanc, c'est-à-dire les bouts rimés de tous ces Sonnets, qu'il avoit l'intention de remplir. Cela sembla plaisant, et depuis on commença de faire, par une espèce de jeu dans les compagnies, ce que Dulot faisoit sérieusement, chacun se piquant à l'envi de remplir heureusement et facilement les rimes bizarres qu'on lui donnoit. »

Malgré le poème de Sarrazin écrit par le prince de Conty, malgré la petite Comédie des *Bouts-rimés* écrite en 1682 par Saint-Glas et dédiée au prince de Condé, le méchant goût subsista. *Le Mercure de France*, écho du goût de la Cour et de la Bourgeoisie, en a accueilli jusqu'au XVIIIe siècle, et le sonnet de Molière est aussi postérieur. Peut-être même ne serait-il pas impossible de lui donner une date.

A qui se peut adresser le dernier vers : « Adieu, grand Prince, adieu » ? Il ne peut s'agir ni du Prince de Conty, car il n'a été que bien peu de temps favorable à Molière, ni de Monsieur, Duc d'Orléans, frère du Roi, à qui on n'a jamais donné le titre de Prince. Reste le frère aîné du Prince de Conty, c'est-à-dire le grand Condé, qui celui-là a été non seulement l'admirateur, mais le défenseur de Molière, et qu'on appelait couramment « Monsieur le Prince » tout court. C'est lui qui doit avoir demandé à Molière de remplir ces rimes, et probablement il y a eu en même temps d'autres sonnets écrits sur elles ; lui et son fils n'ont pas été sans avoir des bizarreries de goût comme de conduite.

Un détail vient à l'appui de cette supposition :

M'accable de rechef la haine du cagot.

Cela ne se rapporte-t-il pas bien au moment où *Tartuffe* supprimé n'était soutenu que par le Prince de Condé ? La persécution de Tartuffe va de 1664 à 1669, époque où son interdiction fut enfin levée. Il est plus naturel d'attribuer ces Bouts-rimés au moment où la bataille a été la plus ardente, par exemple à 1665, alors que Molière défendait *Tartuffe* avec son *Don Juan*, à propos duquel on se souvient du mot célèbre de Condé à Louis XIV.

VIII. Les deux quatrains pieux, gravés au bas d'une estampe assez grossière du graveur fort inconnu P. Le Doyen, ont été écrits pour la Confrérie de l'esclavage de Notre-Dame de la Charité.

Il s'agit de l'Hôpital et de l'Eglise des Frères de la Charité, dont la première pierre fut posée en 1613 par Marie de Médicis, leur fondatrice. L'église est, derrière l'Hôpital, à l'angle de la rue des Saint-Pères et du boulevard Saint-Germain.

Comme l'estampe porte que la Confrérie fut autorisée par le Pape Alexandre VII en 1665, il s'ensuit que le dessin, les quatrains et la gravure sont de cette année. On voit au bas de la droite de l'estampe, le Roi et la Reine à genoux. Quoique la Reine-Mère Anne d'Autriche eût donné en 1660 aux Religieux une relique du Bienheureux Jean de Dieu — Portugais, premier fondateur de l'Ordre, mort en 1550, — la jeunesse de la tête de la Reine agenouillée à côté de Louis XIV ferait plutôt penser à Marie-Thérèse; ce ne doit être ni le Roi, ni les Reines, ni même les Frères de la Charité qui ont demandé ces vers à la bonne grâce de Molière. Il les a faits pour François Chauveau, le dessinateur de la gravure de Le Doyen, et Chauveau a été si mêlé à la vie de Molière que celui-ci n'a pas eu besoin de Mignard pour l'avoir connu.

Ainsi, dès 1661, Chauveau grave, pour la première édition de l'*Ecole des Maris*, Molière dans le rôle de Sganarelle. En 1663, pour la première édition de l'*École des Femmes*, il grave la scène d'Arnolphe et d'Agnès.

C'est ici que se place l'estampe de la Confrérie, qui est de 1665.

En 1666, il grave les deux frontispices de la première édition collective des Comédies de Molière. L'un est Arnolphe et Agnès sous le buste de Térence; l'autre Sganarelle de l'*École des Maris* et Mascarille. Ce sont de charmantes planches, bien connues d'ailleurs parce qu'elles ont été fréquemment reproduites, où Chauveau, habituellement trop rapide, trop fécond et, par là même lourd et souvent commun, est au contraire élégamment léger et spirituel.

En 1668, comme on le verra plus loin, il grave, d'après Mignard, le grand frontispice de *la Gloire du Val-de-Grâce*; dans le même volume, toujours d'après Mignard, les Génies des Arts travaillant sous la direction de Minerve qui forme l'en-tête de départ, et aussi le fleuron final, où la Peinture, accompagnée de trois Génies, esquisse la figure de la Vérité sous les yeux du Temps.

NOTICE DES POÉSIES DIVERSES

Enfin, après la mort de Molière, quand *le Malade imaginaire* fut joué devant la Grotte, dans les Fêtes du Parc de Versailles en 1674 pour le retour de la seconde conquête de la Franche-Comté, Chauveau en fait sur place et au moment même, avant que l'agencement de la scène et des décorations ne fût démoli, un dessin gravé en 1676 par Lepautre, dont le cuivre, provenant du Cabinet du Roi, est encore à la Chalcographie du Louvre.

Par là, il est facile de voir que c'est Chauveau qui a demandé ces vers à Molière et que c'est pour lui qu'il les a écrits.

C'est en 1837 seulement que M. Robert-Dumesnil, l'auteur du *Peintre-Graveur Français* et certainement l'homme qui a le plus aimé et le mieux connu nos Graveurs Français de la Renaissance et du grand siècle, en a remarqué ou plutôt en a découvert une épreuve, dont on n'a pas encore retrouvé un second exemplaire, à notre Cabinet des Estampes dans l'Œuvre de Chauveau, qui vient de sa famille. Il l'a signalée dans une note du *Journal des artistes* du mois de mars. Comme bien des gens avaient vu l'image avant lui sans y rien comprendre, on doit en savoir d'autant plus de gré à M. Robert-Dumesnil puisque les vers sont absolument authentiques, étant signés *J.-B. P. Molière*, et pas un autre Molière ne s'appelle *Poquelin* comme lui.

Cela ne les empêche pas d'être si absolument insignifiants que personne n'oserait les lui attribuer et que lui-même les a certainement oubliés. Pourtant, Roullé, le Curé de Saint-Benoît, si la passion ne l'avait pas aveuglé, aurait pu y voir la preuve qu'à l'occasion ce Damné, digne par avance de toutes les chaudières bouillantes, ne demandait pas mieux que d'être agréable à l'Eglise et trouvait naturel de ne pas refuser sa signature.

IX. Il n'y a rien de particulier à dire sur ce Sonnet, sinon qu'il est très irrégulier; il a sept rimes au lieu de cinq et, à la suite de treize vers de douze pieds, le dernier n'en a que huit, alors que le Sonnet perd toujours à ne pas avoir tous ses vers sur une seule mesure. Le sujet, la première conquête de la Franche-Comté faite par le Roi et par Condé en quinze jours, du 3 au 19 février 1668, méritait bien un compliment, et il a pu être dit au Roi à l'une des représentations du voyage de la Troupe à Versailles en avril 1668. Il n'est pourtant imprimé qu'en tête de l'édition de Paris de 1670. Dans la première édition, datée par son achevé d'imprimer du 5 mars 1668, il ne figure pas. D'après le Registre de La Grange, la première représentation de l'*Amphitryon*, donné d'abord à la Ville, est du 13 janvier 1668, et il y fut joué, sans interruption, jusqu'aux vacances de Pâques. La Troupe alla ensuite à Versailles du 25 au 29 avril et le même Registre nous dit qu'on y joua *Amphitryon*, le *Médecin malgré lui*, le *Mariage forcé* et *Cléopâtre*, — non pas celle de Mairet ou celle de Benserade, mais celle, plus récente, de La Torillière, que le Roi n'avait pas encore vue et dont on ne cite pas d'impression. Est-ce à ce moment que le Sonnet fut écrit et récité au Roi, probablement avec l'*Amphitryon*. Etant la Pièce nouvelle, il a dû être joué le premier.

X. En somme, avec le *Remerciement au Roi*, c'est la *Gloire du Val-de-Grâce*, consacrée à la glorification de Mignard, qui est le morceau capital des Poésies diverses. C'est une œuvre d'amitié ; mais à quelle époque le Poète et le Peintre se sont-ils connus ? Mignard a été en Italie et surtout à Rome, de 1636 à 1657, et Molière n'est jamais sorti de France. Avant d'être appelé à Fontainebleau et à Paris, Mignard, en revenant d'Italie, est resté un certain temps dans le Midi, de la Provence à Lyon, surtout à Avignon, et c'est dans cette ville qu'il a connu Molière. L'Abbé de Monville est là-dessus formel : « Revenu à Avignon, il y rencontre « Molière ; ces deux hommes rares eurent bientôt lié une amitié qui ne « finit qu'avec leur vie. » Ce dut être à la fin de 1657, ou au commencement de 1658, puisque Mignard ne s'embarqua, pour revenir en France, qu'en octobre 1657, et que c'est en décembre 1657 que la Troupe nomade de Molière se trouve venir en représentation à Avignon ; elle y avait passé une première fois en 1653, mais Mignard était alors en Italie.

Il se peut que ce soit par les Béjart que Molière ait connu le Peintre ; c'est de leur côté qu'on trouve toujours celui-ci. Ainsi, lorsqu'en novembre 1664, Léonard de Loménie épouse Geneviève Béjard, sœur de la Femme de Molière, « Pierre Mignard, Peintre, Bourgeois de Paris », est, au titre d'ami de la Demoiselle future épouse, un de ses témoins. Dans le testament de Madeleine Béjard, morte en février 1672, « Pierre « Mignard, dit le Romain, Peintre ordinaire du Roi », est chargé de recueillir les deniers comptants qui se trouveront appartenir à Madeleine,

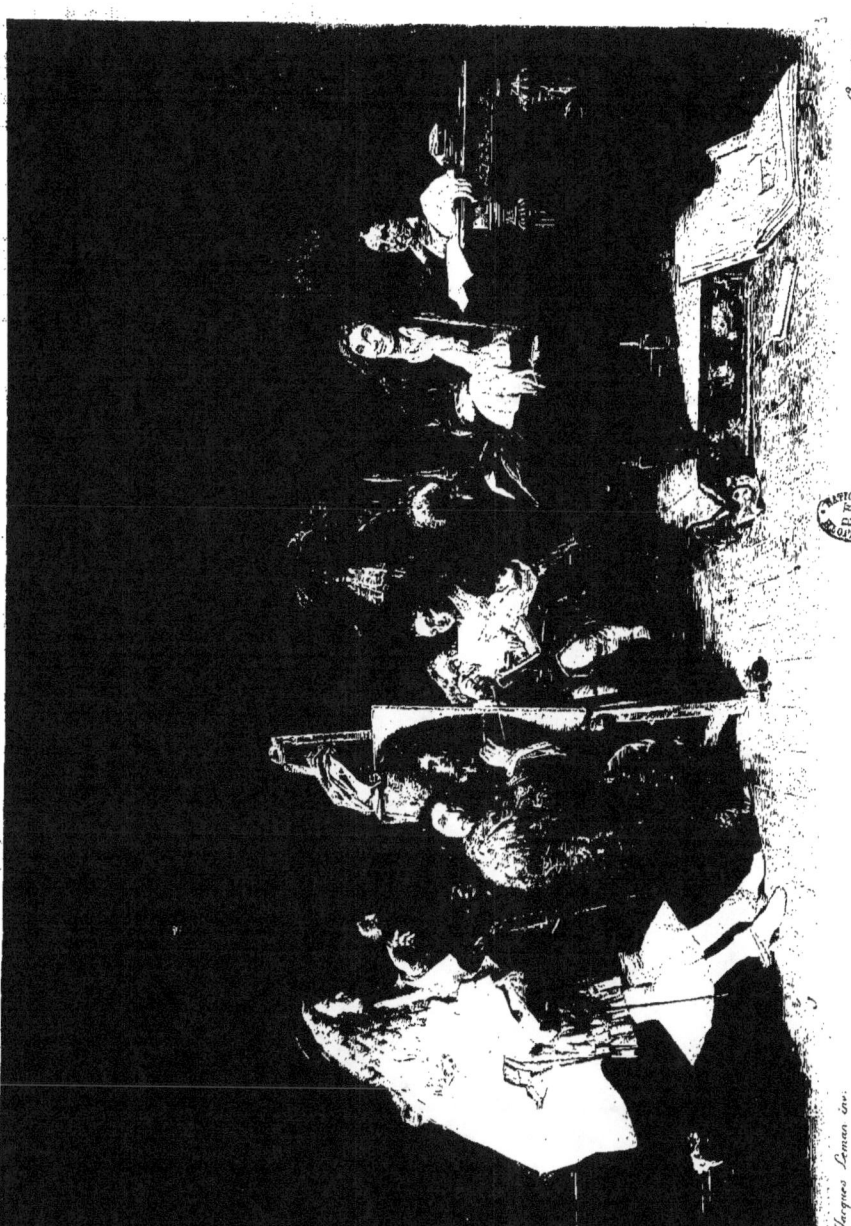

MOLIÈRE CHEZ MIGNARD

lors de son décès, et d'en surveiller le placement en rentes et en terres, et l'argent trouvé chez elle, c'est-à-dire, d'après un acte du 17 mars, exactement 17,600 livres, fut, suivant ses dernières volontés, remis à Mignard le 19 mars. Catherine Mignard, alors âgée de quinze ans, fut marraine du second fils de Molière, né le 15 septembre 1672, baptisé le 1er octobre et mort le 11.

En 1674, après la mort de Molière, dans un acte du 12 février, des acquisitions de rentes par les héritiers de Madeleine Béjart se passent en présence, entre autres témoins, de Pierre Mignard, qui reçoit décharge des sommes reçues par lui.

Mignard a fait le portrait de Molière. Il a pu le peindre déjà dans le Midi. Il est au moins certain qu'il le peignit à Paris, et l'Abbé de Monville en reporte la date, non seulement après l'exécution de la coupole, mais même après le Poème, ce qui nous met au plus tôt à 1668 :

> Mignard fit de Molière un portrait, digne de l'auteur du *Misanthrope* et digne en même temps de celui qui peignit le Val-de-Grâce. La reconnaissance qu'il devoit à Molière, qui a célébré ce grand ouvrage, ne se borna pas à ce seul portrait. Il en fit un autre de la Femme de Molière — en 1668, elle avoit vingt-trois ans — qu'on ne regarde pas sans surprise et admiration.

On perd la trace du portrait d'Armande Grésinde, mais en voici une de celui de Molière. En 1734, Claude de Rachel de Montalant, veuf de la fille de Molière, morte en 1723, « donne et lègue au sieur de Saint-« Gelais », l'Historiographe de l'Académie de peinture depuis 1725, « le « portrait de feu M. de Molière qu'il lui a déjà délivré ».

De son côté, Mignard en avait gardé un du mari. On le trouve dans l'état des tableaux de la communauté de feu M. Mignard et de sa veuve, comme dans celui des tableaux que Mme Mignard vend à sa Fille, Mme de Feuquières, qui viennent d'être tout récemment publiés. Dans le premier qui est du 5 septembre 1695 : « Une esbauche, le portrait de « M. de Molière, prisé 50 livres », et, dans le second qui est du 4 janvier 1697 : « Un portrait de M. de Molière, demi-figure, esbauché. » Il n'est pas douteux que ce ne soit celui dont parle l'Abbé de Monville, disant, à propos du passage cité plus haut : « Il est chez Mme de Feuquières » ; ce devait être l'ébauche que Mignard avait conservée et que nous ne connaissons pas. Mais connaissons-nous même un portrait de Molière qui soit certainement de la main de Mignard ? Est-ce celui du Louvre, qui vient de l'ancienne collection ; celui de la galerie du duc d'Aumale à Chantilly ; celui du Théâtre-Français où il est en costume de tragédien ; celui qui vient d'être tout récemment signalé en Russie ?

Arrivons à la Coupole. La jeune Anne d'Autriche, fort peu heureuse avec son mari, voulut faire bâtir un monastère pour lui servir quelquefois de retraite, et pour cela elle fit, au nom des Religieuses du Val-de-Grâce, près de Bièvres, acheter, rue du Fauxbourg-Saint-Jacques, une grande place avec d'anciens bâtiments. Une fois veuve et Régente, pour remplir le vœu qu'elle avait fait d'élever un Temple magnifique si elle avait un fils, elle en fit poser la première pierre, en 1645, par le jeune Louis XIV, alors âgé de huit ans. Ce fut le grand François Mansart qui en donna le premier dessin, et en 1665 l'édifice fut terminé.

Quant à la coupole, peinte, selon les uns, en huit mois, selon les autres, en treize, elle était terminée dès 1663. La *Gazette*, dans son numéro du 18 août, et Loret, dans sa Lettre du même jour, nous apprennent que la Reine-Mère, à sa première sortie depuis sa maladie, alla, le samedi 11 août, visiter l'église du Val-de-Grâce, les modèles du maître-autel et la peinture « *De l'excellent Monsieur Mignard, — Un des grands Maistres de son Art, — Pour servir d'ornement au Dôme* ».

Mais l'église, non terminée, n'était pas encore ouverte, et plus tard, après la mort de la Reine-Mère, Mayolas, dans sa Lettre du 19 septembre 1666, dit que la jeune Marie-Thérèse avait pressé Mignard de terminer la coupole — il avait donc fallu remonter un échafaudage volant — et que le public avait été admis à la voir le 15 septembre. J'ai lu autrefois, sans pouvoir me souvenir où, que, dès l'origine, la couleur de la coupole, plutôt pâle et d'une coloration générale jaunâtre, était tombée très vite par suite de la mauvaise préparation de l'enduit, où il y aurait eu excès de chaux. Le Comte de Caylus, en reprochant à Mignard de n'avoir point rendu la couleur vraie du ciel, observe que, la couleur étant une des qualités qu'on y avait admirées, Mignard avait peut-être usé du procédé italien de retoucher avec des pastels ou des crayons à sec par-dessus la fresque, pour l'aviver, au moins pour quelque temps, car cela arrive forcément à tomber et à disparaître. Ne serait-ce pas là le travail de terminaison indiqué par Mayolas en 1666 ?

Longtemps on a pu croire que le Poème de Molière avait été imprimé pour la première fois dans l'édition de 1682, où il se trouve dans le tome VIII à la fin des Comédies alors non encore imprimées. Mais il a paru au commencement de 1669, chez Jean Ribou, au Palais, vis-à-vis de la porte de la Sainte-Chapelle à l'image de saint Louis, en un bel in-quarto de 24 pages. Il y en a une autre édition, ou plutôt un autre tirage, sous la même date, avec le nom de Pierre Le Petit, mais celle de Ribou doit être tenue pour l'édition *princeps* puisque le Privilège, daté du 5 décembre 1668, est suivi de la mention de la cession faite par Molière à Ribou. La Bibliothèque nationale, celle de l'Arsenal et celle de M. de Lignerolles, qui vient de mourir, ont des exemplaires avec l'un et l'autre des deux noms, mais on peut les tenir pour plus que rares, et c'est pour cela que nous en avons fac-similé le grand frontispice.

Maintenant, à quel moment Molière a-t-il écrit son Poème? Pourquoi n'aurait-il été imprimé qu'en 1669, s'il avait été écrit dès 1663, ou même en 1666? M. Mesnard a donné le premier une excellente raison de croire qu'il a été écrit précisément en 1668.

Le Poème de Charles Perrault sur la Peinture, écrit en 1667 et publié au commencement de l'année suivante, n'était qu'un panégyrique enthousiaste de Charles Le Brun; or Mignard, dès son retour en France, a été et est resté, jusqu'à la mort de son rival, qui lui a seule permis de le remplacer, violemment hostile à la personne de celui-ci et à l'Académie de peinture fondée et dirigée par lui. Chacun avait son camp; du côté de Le Brun, Louis XIV et Colbert qui lui donnaient Versailles; — du côté de Mignard, la Reine-Mère et Monsieur, son autre fils, qui lui donnaient le Val-de-Grâce et Saint-Cloud. Le Poème de Perrault dut exaspérer les colères de Mignard.

C'est en 1668 qu'il fit imprimer le poème que son ami Charles Du Fresnoy, mort en 1665 et qui avait épousé ses haines contre Le Brun, n'avait terminé qu'à la fin de sa vie; c'est au commencement de 1669 que parut le Poème de Molière, déjà connu avant de paraître puisque Robinet, qui en fait, dans sa Lettre du 22 décembre 1668, un chaleureux éloge, nous dit que Molière en avait fait de nombreuses lectures, notamment chez Mlle de Bussy, dont Tallemant des Réaux nous apprend qu'elle était nièce de la femme de La Mothe Le Vayer et que Molière lui lisait toutes ses Pièces.

Le *De Pictura* de Du Fresnoy et la *Gloire du Val-de-Grâce* ne sont-ils pas comme une défense de Mignard, comme une réponse à *La Peinture* de Perrault et ne nous donnent-ils pas la raison et la date de la composition du Poème de Molière, si exceptionnel dans son œuvre? L'édition est accompagnée de planches gravées par François Chauveau d'après Mignard, comme *La Peinture* de Perrault avait été accompagnée de planches gravées par François Chauveau d'après Le Brun. Cette parité d'illustrations est une raison de plus pour affirmer la connexion du second Poème avec le premier. Ce sera seulement en 1693 que Gérard Audran, qui avait été le graveur en titre de Le Brun, sera, pour le *Cabinet du Roi*, chargé de graver enfin la Coupole, et les cuivres de ses six planches sont à la Chalcographie du Louvre. La gravure en est superbe; c'est sur elles qu'on peut le mieux étudier et juger l'œuvre du peintre. Si nous n'en avons pas donné de réduction, c'est que, forcément trop petite, elle n'eût, par le rapprochement des tailles, donné qu'une tache noire qui n'eût pas été lisible.

Si Molière est naturellement du côté de Mignard, la publication de son poème ne pouvait pas manquer de lui attirer une réponse d'un partisan de Le Brun. Elle dut être écrite immédiatement, mais elle ne parut qu'en 1700, après la mort des deux rivaux, dans un volume in-douze intitulé : « *Anonimiana, ou Mélanges de poésies, d'éloquence et d'érudition* », pages 241-83. Il y en a des exemplaires de deux sortes, qui ne diffèrent que par le titre. L'un est au nom de Jacques Collombat, imprimeur ordinaire de Mme la Duchesse de Bourgogne, rue Saint-Jacques au Pélican, avec le bois de sa marque, le pélican donnant son sang à ses petits, signé P. L. S. (Papillon l'aîné *sculpsit*) et sa devise : « Hic amor. » L'autre est au nom de Nicolas Pépie, rue Saint-Jacques, proche la Fontaine Saint-Séverin, au grand Saint-Basile, avec au titre pour fleuron un large vase rempli de fleurs, qui se répète dans le texte à l'état de cul-de-lampe. La présence des deux noms est fort simple quand on se reporte au Privilège. Il est accordé à Collombat le 28 septembre 1699 — et non 1679, ce qui est une faute d'impression, la Duchesse de Bourgogne, dont Collombat avait le titre d'imprimeur ordinaire, ne s'étant mariée qu'en 1697 — et il est suivi de la mention de sa cession à Nicolas Pépie, puis de l'achevé d'imprimer pour la première fois à la date du 15 juillet 1700.

Ajoutons que cette réponse a été réimprimée deux fois de nos jours par M. Paul Lacroix, d'abord dans la *Revue universelle des Arts* de Bruxelles et plus tard en 1880 dans la seconde collection Moliéresque, dont elle forme le numéro VII.

Un passage de l'introduction qui la précède est curieux :

« Un Cavalier proposa de faire lecture d'une Critique du *Val-de-Grâce* qui lui étoit tombée entre les mains. Il dit qu'elle étoit d'une Dame d'un mérite encore plus distingué par sa vertu que par son mérite. Elle l'avoit faite en badinant, pendant qu'elle étoit toute jeune, pour répondre à la *Gloire du Val-de-Grâce* que Monsieur de Molière avoit fait en faveur de M. Mignard, dont il aimoit la fille (alors âgée de dix ou onze ans).

« Je vous la lirai, » ajouta-t-il, « avec ses deffauts, car Monsieur de Colbert, le Ministre d'Etat, qu'elle a réjoui, n'aiant point voulu qu'on y touchât, je croirois gâter une chose qu'il a trouvée bonne, toute imparfaite qu'elle est, si je m'étois mêlé de la corriger. Il ne sera peut-être pas hors de propos de vous dire que les quatre-vingts premiers vers de ce poème sont sur les mêmes rimes que les premiers du Val-de-Grâce de M. de Molière et que, comme cet excellent Comique n'avoit entrepris le sien que pour louer M. Mignard, la Dame, qui en a fait la Critique n'en forma le dessein que pour faire sa cour à M. de Colbert qui protégeoit M. Lebrun, qui étoit l'émule et le concurrent de M. Mignard. »

Aussi, remarquons-le en passant, comme il fallait compter avec Colbert, Molière, outre qu'il lui devait l'octroi et le maintien de sa Pension de 1663, n'a pas manqué de terminer son poème par l'éloge chaleureux du grand Ministre, qui se devrait à lui-même de penser, ce qu'il n'a pas fait, à protéger Mignard et à lui commander de nouveaux chefs-d'œuvre. De plus, si Colbert n'a point voulu qu'on retouchât la réponse, il n'avait qu'à dire un mot pour la faire imprimer. S'il ne l'a pas dit, ne serait-ce pas que, *la Gloire du Val-de-Grâce* ne pouvant qu'être agréable à la Reine-Mère, sa critique par contre aurait pu lui déplaire, et elle eût pu savoir mauvais gré à Colbert d'en avoir approuvé et favorisé la publication.

L'affirmation, si formelle qu'elle soit, que le commencement de la Réponse soit sur les mêmes rimes que celles du poème de Molière est, à moins qu'elle ne se rapporte à un premier état plus tard remanié, aussi surprenante qu'incompréhensible. Si on met les deux textes en face l'un de l'autre, elle est absolument fausse, aussi bien dans le texte du manuscrit de l'Arsenal, suivi par M. Lacroix, que dans celui, très peu différent d'ailleurs, de l'*Anonimiana*. Par contre, le passage où l'on nous apprend que l'ouvrage d'une Dame jeune alors est tout à fait intéressant, car il permet de l'attribuer à Mlle Chéron, qui a écrit autant qu'elle a peint et dessiné, et qui, en 1668, aurait eu vingt ans. Comme elle ne mourut qu'en 1711, il est difficile que l'impression de 1700 n'ait pas été faite sous ses yeux et de son aveu, d'où suivrait que le texte de l'*Anonimiana* est le bon texte, celui qui a été revu et définitivement adopté. En tout cas la réponse à la *Gloire du Val-de-Grâce*, écrite en vers de huit pieds, un peu pâles, mais d'un ton aisé, n'est point sotte.

Le contradicteur, qu'elle met en scène un moment, a même des détails assez drôles. Pourquoi Mignard a-t-il mis une croix de la forme de celle de Malte sur l'autel de l'Agneau, et, puisque l'Agneau doit être brûlé, pourquoi avoir mis sous lui une nappe de moquette, qui devra être consumée avec lui ? Les personnages sont pillés un peu partout ; ils sont à côté les uns des autres sans être groupés. Pourquoi les Saints, dans le Paradis, agissent-ils comme sur la terre ? On ne sent pas de corps sous les lourdes étoffes. Cela atteint Mignard plus que Molière, auquel l'auteur, — qui lui emprunte même l'épithète imprudente de « Mignard de son Age » appliquée à Raphaël — prodigue d'ailleurs les compliments.

Le Comte de Caylus dans son Eloge de Mignard, lu à l'Académie de Peinture, en parle d'un autre style. Pour lui, Molière s'est en quelque façon dégradé dans cette espèce de Poème qui n'est qu'emphatique, n'apprend rien et s'exprime fort improprement. De notre temps, Auger, dans son commentaire sur Molière, nous a donné l'opinion, encore plus sévère et plus agressive du Peintre Pierre Guérin. Comme Caylus, c'est aller beaucoup trop loin et faire plus de tort à son propre goût qu'à celui qu'on vilipende. Boileau était d'un tout autre avis, et, comme il s'y connaissait, c'est au sien qu'il faut se tenir. Il a parlé en excellent juge et en poète de la qualité maîtresse du Poème de Molière, la fermeté et l'énergie. Le beau passage cornélien sur les brusques fiertés de la fresque comparée à la peinture à l'huile, est à juste titre célèbre et ne s'oublie pas.

De plus, les jugements et les théories de Molière sur la peinture ne lui sont pas si personnelles que ses Critiques semblent le croire. C'étaient celles qui avaient cours de son temps, et il en doit un bon nombre, ce qui est fort naturel, au Poème latin, alors si goûté, du Peintre Charles Du Fresnoy sur la Peinture, publié après sa mort en 1668 par les soins de son fidèle ami Mignard. Qui a connu l'un a connu l'autre, et, quand l'œuvre de Du Fresnoy a enfin paru, si Molière a dû la relire pour s'en inspirer et pour s'appuyer sur sa doctrine, il devait la connaître de longue date. Alors que le Dictionnaire de Moréri n'avait indiqué qu'en passant le rapprochement, les notes de M. Mesnard ont très justement relevé ceux des vers de Du Fresnoy qui ont été positivement imités par Molière; mais, au-dessus du détail, l'esprit général en vient. Le parti du jugement et la théorie sont si bien les mêmes que, pour bien comprendre le Poème de Molière, il est aussi nécessaire qu'intéressant de relire celui de Du Fresnoy.

Sans lui, Molière n'eût peut-être pas fait le sien ; il a trouvé là un guide et un appui. C'est en 1673 que Roger de Piles en fit paraître, avec des commentaires, une excellente traduction en prose, qui en a assuré le succès presque jusqu'à nos jours, et son influence ne s'est pas bornée à la France. L'Italie l'a traduit à son tour et, en Angleterre, le Poème de Dryden, *Art of Painting*, n'en est qu'une traduction libre. Molière n'a pas pensé à le traduire ; il n'en aurait pas eu le temps, mais, s'il l'eût fait, — on en est sûr à la manière dont la *Gloire du Val-de-Grâce* en sort — personne ne s'en serait mieux acquitté que lui, et c'eût été pour Du Fresnoy le plus grand bonheur qui lui pût arriver.

Pour nous et pour lui, Molière avait mieux à faire ; cela lui aurait pris le temps d'écrire une Pièce, et une seule de moins, ne fût-elle qu'une Farce en un acte, serait une perte pour son œuvre et pour la postérité. Mais personne ne regrettera qu'il ait écrit ce Poème sur la Coupole de de son ami. En laissant de côté l'influence certaine de Du Fresnoy sur le fond des idées, la forme, que ses Critiques n'ont pas voulu voir et qui est l'homme même, est très personnelle, très vigoureuse, d'un beau souffle et d'un grand accent. Dans sa fermeté soutenue, ce style donne dans l'œuvre de Molière une note nouvelle, qu'on ne connaîtrait pas sans ce Poème.

XI. Après *la Gloire du Val-de-Grâce*, les Poésies diverses de Molière se terminent par les vers des Intermèdes ajoutés au *Mariage forcé* lors de sa reprise avec les premières représentations de la Comtesse d'Escarbagnas. Les deux Pièces ont été jouées ensemble quatorze fois de suite, du 8 juillet au 7 août 1672, où elles furent interrompues par une indisposition de Molière. Le Registre de La Grange ajoute :

Nota encore que *le Mariage forcé*, qui a esté joué avec *la Comtesse d'Escarbagnas,* a esté accompagné d'ornements, dont M. Charpentier a fait la musique, et M. de Beauchamps les Ballets, M. Baraillon les habits, et M. de Villiers avoit employ dans la musique des Intermèdes.

Cette note exceptionnelle montre l'importance de cette addition au *Mariage forcé*. M. Moland, qui l'a signalée et donnée le premier, l'a trouvée dans un manuscrit de la Bibliothèque nationale, qui contient, avec les paroles, la musique de Charpentier pour ces Intermèdes et pour *le Malade imaginaire*. Leur attribution à Molière est par là assez certaine pour qu'ils doivent désormais figurer dans toutes les éditions, plutôt à la suite du *Mariage forcé* qu'après *la Comtesse d'Escarbagnas*, à laquelle ils sont étrangers. Leur place est tout aussi bien à la fin des Poésies diverses; on n'a pas tant d'occasions de leur ajouter quelque chose. A l'origine, *le Mariage forcé* était accompagné de superbes Ballets où figurait le Roi; comme, en 1672, il ne dansait plus, Molière a certainement ajouté ces nouveaux Intermèdes pour remplacer les premiers et, en allongeant le spectacle, pouvoir, à la Ville, faire une soirée avec deux Pièces en un acte.

ANATOLE DE MONTAIGLON.

Remerciment au Roy

FAIT PAR J. B. P. DE MOLIÈRE

EN L'ANNÉE 1663

APRÈS AVOIR ÉTÉ HONORÉ D'UNE PENSION PAR SA MAJESTÉ

A PARIS

Chez Guillaume de Luynes, *au bout de la Gallerie des Merciers, à la Justice,*
Et Gabriel Quinet, *dans la Gallerie des Prisonniers, à S. Raphaël.*

Au Palais. M.DC.LXIII

Vostre paresse enfin me scandalise,
Ma Muse ; obéissez-moy ;
Il faut, ce matin, sans remise,
Aller au Lever du Roy.
Vous sçavez bien pourquoy,

Et ce vous est une honte
De n'avoir pas esté plus prompte
A le remercier de ses fameux bienfaits,
Mais il vaut mieux tard que jamais ;
Faites donc vostre conte
D'aller au Louvre accomplir mes souhaits.

Gardez-vous bien d'estre en Muse bastie.
Un air de Muse est choquant en ces lieux ;
On y veut des objets à réjouïr les yeux ;
Vous en devez estre advertie,
Et vous ferez vostre cour beaucoup mieux
Lors qu'en Marquis vous serez travestie.
Vous sçavez ce qu'il faut pour paroistre Marquis.
N'oubliez rien de l'air, ni des habits ;
Arborez un Chapeau chargé de trente plumes
Sur une Perruque de pris ;
Que le Rabat soit des plus grands volumes
Et le Pourpoint des plus petits.
Mais, sur tout, je vous recommande
Le Manteau, d'un ruban sur le dos retroussé ;
La galanterie en est grande,
Et, parmy les Marquis de la plus haute Bande
C'est pour estre placé.

Avec vos brillantes hardes
Et vostre adjustement,
Faites tout le trajet de la Salle des Gardes,
Et, vous peignant galamment,
Portez de tous costez vos regards brusquement,
Et, ceux que vous pourrez connoistre,
Ne manquez pas, d'un haut ton,
De les saluer par leur nom,
De quelque rang qu'ils puissent estre ;
Cette familiarité
Donne, à quiconque en use, un air de Qualité.

Grattez du peigne à la porte
De la Chambre du Roy
Ou si, comme je prévoy,
La presse s'y trouve forte,
Monstrez de loin vostre Chapeau,
Ou montez sur quelque chose
Pour faire voir vostre museau,
Et criez, sans aucune pause,
D'un ton rien moins que naturel :
Monsieur l'Huissier ; pour le Marquis un tel.
Jettez vous dans la foule, et tranchez du Notable ;

Coudoyez un chacun; point du tout de quartier.
    Pressez, poussez, faites le Diable
      Pour vous mettre le premier,
        Et, quand mesme l'Huissier,
     A vos desirs inexorable,
Vous trouveroit en face un Marquis repoussable,
      Tenez toujours ferme là;
A déboucher la porte il iroit trop du vostre;
  Faites qu'aucun n'y puisse pénétrer
Et qu'on soit obligé de vous laisser entrer
       Pour faire entrer quelqu'autre.

Quand vous serez entré, ne vous relaschez pas.
Pour assiéger la chaise, il faut d'autres combats;
    Taschez d'en estre des plus proches,
   En y gagnant le terrain pas à pas,
Et, si des assiégeans le prévenant amas
     En bouche toutes les approches,
     Prenez le party doucement
     D'attendre le Prince au passage.
     Il connoistra vostre visage
     Malgré vostre déguisement,
     Et lors, sans tarder davantage,
     Faites-luy vostre Compliment.

REMERCIMENT AU ROY

Vous pourriez aysément l'étendre
Et parler des transports qu'en vous font éclater
Les surprenants bienfaits, que, sans les mériter,
Sa libérale main sur vous daigne respandre,
Et, des nouveaux efforts, où s'en va vous porter
L'excez de cet honneur où vous n'osiez prétendre,
  Luy dire comme vos desirs
Sont, après ses bontez qui n'ont point de pareilles,
D'employer à sa gloire, ainsi qu'à ses plaisirs,
  Tout vostre art et toutes vos veilles,
  Et là-dessus luy promettre merveilles.
  Sur ce chapitre on n'est jamais à sec ;
  Les Muses sont de grandes prometteuses,
   Et, comme vos sœurs les causeuses,
Vous ne manqueriez pas, sans doute, par le bec.

  Mais les grands Princes n'ayment guères
   Que les Complimens qui sont courts,
Et le nostre sur tout a bien d'autres affaires
   Que d'escouter tous vos discours ;
La louange et l'encens n'est pas ce qui le touche
   Dès que vous ouvrirez la bouche
  Pour luy parler de grâce et de bienfait,

Il comprendra d'abord ce que vous voulez dire,
     Et, se mettant doucement à sourire
D'un air qui sur les cœurs fait un charmant effet,
          Il passera comme un trait,
          Et cela vous doit suffire ;
     Voilà vostre Compliment fait.

A MONSIEUR
DE LA MOTHE LE VAYER
SUR LA MORT DE MONSIEUR SON FILS

Aux larmes, Le Vayer, laisse les yeux ouverts ;
Ton deuil est raisonnable, encor qu'il soit extrême ;
Et, lors que pour toujours on perd ce que tu perds,
La Sagesse, croy moy, peut pleurer elle-mesme.

On se propose à tort cent préceptes divers
Pour vouloir d'un œil sec voir mourir ce qu'on ayme ;
L'effort en est barbare aux yeux de l'Univers,
Et c'est brutalité plus que vertu suprême.

On sçait bien que les pleurs ne ramèneront pas
Ce cher Fils, que t'enlève un impréveu trépas,
Mais la perte par là n'en est pas moins cruelle ;

Ses vertus d'un chacun le faisoient révérer ;
Il avoit le cœur grand, l'esprit beau. l'âme belle,
Et ce sont des sujets à tousjours le pleurer.

Vous voyez bien, Monsieur, que je m'écarte fort du chemin qu'on suit d'ordinaire en pareille rencontre, et que le Sonnet que je vous envoye, n'est rien moins qu'une consolation ; mais j'ay crû qu'il falloit en user de la sorte avec vous, et que c'est consoler un Philosophe que de luy justifier ses larmes et mettre sa douleur en liberté. Si je n'ay pas trouvé d'assez fortes raisons pour affranchir vostre tendresse des sévères leçons de la Philosophie et pour vous obliger à pleurer sans contrainte, il en faut accuser le peu d'éloquence d'un homme qui ne sçauroit persuader ce qu'il sçait si bien faire.

Molière.

QUATRAINS

PLACÉS AU BAS D'UNE ESTAMPE DE LE DOYEN

D'APRÈS F. CHAUVEAU

Représentant la Confrairie de la Charité, establie en l'Eglise des Religieux de La Charité, par nostre S. P. le Pape Alexandre VII, l'an 1665.

In uniculis Adam, traham eos in vinculis charitatis. OSEÆ XI, 4.

Brisez les tristes fers du honteux esclavage
Où vous tient du Péché le commerce odieux,
Et venez recevoir le glorieux servage
Que vous tendent les mains de la Reyne des Cieux.

L'un sur vous à vos sens donne pleine victoire,
L'autre sur vos desirs vous fait régner en Roys;
L'un vous tire aux Enfers et l'autre dans la Gloire;
Hélas, peut-on, Mortels, balancer sur ce choix?

I. B. P. MOLIÈRE.

STANCES GALANTES
(1666)

Souffrez qu'Amour cette nuit vous réveille ;
Par mes soupirs laissez-vous enflâmer ;
Vous dormez trop, adorable merveille,
Car c'est dormir que de ne point aimer.

Ne craignez rien ; dans l'Amoureux Empire
Le mal n'est pas si grand que l'on le fait,
Et, lors qu'on aime et que le cœur soûpire,
Son propre mal souvent le satisfait.

Le mal d'aimer, c'est de le vouloir taire ;
Pour l'éviter, parlez en ma faveur ;
Amour le veut, n'en faites point mystère,
Mais vous tremblez, et ce Dieu vous fait peur.

Peut-on souffrir une plus douce peine,
Peut-on subir une plus douce loy
Qu'estant des cœurs l'unique Souveraine
Dessus le vostre Amour agisse en Roy ?

Rendez-vous donc, ô divine Amarante ;
Soumettez-vous aux volontez d'Amour ;
Aimez, pendant que vous estes charmante,
Car le Temps passe et n'a point de retour.

BOUTS-RIMEZ

Commandez sur le Bel Air

Que vous m'embarrassez avec vostre... grenouille,
Qui traisne à ses talons le doux mot d'... hipocras;
Je hay des Bouts-rimez le puéril... fatras,
Et tiens qu'il vaudroit mieux filer une... quenouille.

La gloire du Bel Air n'a rien qui me... chatouille;
Vous m'assommez l'esprit avec un gros... plâtras,
Et je tiens heureux ceux qui sont morts à... Coutras,
Voyant tout le papier qu'en Sonnets on... barbouille.

M'accable de rechef la haine du... Cagot,
Plus méchant mille fois que n'est un vieux... magot,
Plutost qu'un Bout-rimé me fasse entrer en... dance.

Je vous le chante clair comme un... chardonneret;
Au bout de l'Univers je fuys dans une... manse.
Adieu, grand Prince, adieu ; tenez-vous... guilleret.

AU ROI

SUR LA CONQUÊTE DE LA FRANCHE-COMTÉ

(FÉVRIER 1668)

Ce sont faits inouïs, grand Roi, que tes victoires !
L'Avenir aura peine à les bien concevoir,
Et de nos vieux Héros les pompeuses Histoires
Ne nous ont point chanté ce que tu nous fais voir.

Quoi ! Presqu'au même instant qu'on te l'a vu résoudre,
Voir toute une Province unie à tes Etats !
Les rapides torrents, et les vents et la foudre,
Vont-ils, dans leurs effets, plus vîte que ton bras ?

N'attends pas, au retour d'un si fameux ouvrage,
Des soins de nostre Muse un éclatant hommage
Cet exploit en demande, il le faut avouer ;

Mais nos chansons, grand Roi, ne sont pas si tôt prêtes,
Et tu mets moins de temps à faire tes conquêtes
    Qu'il n'en faut pour les bien louer.

LA GLOIRE DU VAL-DE-GRACE

LA GLOIRE DU VAL DE GRÂCE

LA GLOIRE
DU
VAL DE GRACE

A PARIS
CHEZ JEAN RIBOU, AU PALAIS,
VIS A VIS LA PORTE DE L'EGLISE DE LA SAINTE CHAPELLE
A L'IMAGE SAINT LOUIS

M.DC.LXIX
AVEC PRIVILEGE DE SA MAJESTE

LA GLOIRE DU VAL DE GRACE

IGNE fruit de vingt ans de travaux somptüeus;
Auguste Bastiment, Temple majestüeus,
Dont le Dôme superbe, élevé dans la nue,
Pare du grand Paris la magnifique veue,
Et, parmi tant d'objets semez de toutes parts,
Du Voyageur surpris prend les premiers regards,
Fais briller à jamais, dans ta noble richesse,
La splendeur du saint vœu d'une grande Princesse,
Et porte un témoignage à la Postérité
De Sa Magnificence et de sa Piété;

Conserve à nos Neveux une montre fidelle
Des exquises beautez que tu tiens de son zèle,
Mais défens bien sur-tout de l'injure des ans
Le Chef-d'œuvre fameux de ses riches Présens,
Cet éclatant morceau de sçavante Peinture,
Dont elle a couronné ta noble Architecture ;
C'est le plus bel effet des grands soins qu'Elle a pris,
Et ton marbre et ton or ne sont point de ce pris.

 Toy, qui dans cette Coupe, à ton vaste génie
Comme un ample théâtre heureusement fournie,
Es venu déployer les précieus trésors
Que le Tibre t'a veu ramasser sur ses bords ;
Dy-nous, fameux Mignard, par qui te sont versées
Les charmantes beautez de tes nobles pensées ;
Et dans quel fonds tu prens cette variété,
Dont l'esprit est surpris, et l'œil est enchanté.
Dy-nous quel feu divin, dans tes fécondes veilles ;
De tes expressions enfante les merveilles,
Quels charmes ton pinceau répand dans tous ses traits,
Quelle force il y mesle à ses plus doux attraits,
Et quel est ce pouvoir, qu'au bout des doigts tu portes,
Qui fait faire à nos yeux vivre des choses mortes,
Et, d'un peu de mélange et de bruns et de clairs,
Rendre esprit la couleur, et les pierres des chairs.

 Tu te tais, et prétens que ce sont des matières
Dont tu dois nous cacher les sçavantes lumières,

Et que ces beaux secrets, à tes travaux vendus,
Te coustent un peu trop pour estre répandus ;
Mais ton Pinceau s'explique, et trahit ton silence ;
Malgré toy, de ton art il nous fait confidence,
Et, dans ses beaux efforts à nos yeux étalez,
Les mystères profonds nous en sont révélez.
Une pleine lumière icy nous est offerte,
Et ce Dôme pompeux est une Ecole ouverte,
Où l'ouvrage, faisant l'office de la voix,
Dicte de ton grand Art les souveraines loix.

Il nous dit fortement les trois nobles Parties *
Qui rendent d'un Tableau les beautés assorties,
Et dont, en s'unissant, les talens relevez
Donnent à l'Univers les Peintres achevez.

Mais des trois, comme Reine, il nous expose celle **
Que ne peut nous donner le travail, ny le zèle,
Et qui, comme un présent de la faveur des Cieux,
Est du nom de Divine appelée en tous lieux ;
Elle, dont l'essor monte au-dessus du tonnerre,
Et sans qui l'on demeure à ramper contre terre,
Qui meut tout, règle tout, en ordonne à son choix,
Et des deux autres mène et régit les emplois.

Il nous enseigne à prendre une digne matière,
Qui donne au feu du Peintre une vaste carrière,

---

* *L'Invention, Dessein et Coloris.*
** *I. L'Invention, première partie de la Peinture.*

XXIII. 4

Et puisse recevoir tous les grands ornemens,
Qu'enfante un beau Génie en ses accouchemens,
Et dont la Poësie et sa Sœur, la Peinture,
Parent l'instruction de leur docte imposture;
Composent avec art ces attraits, ces douceurs,
Qui font à leurs leçons un passage en nos cœurs;
Et par qui, de tout temps, ces deux Sœurs si pareilles
Charment, l'une les yeux, et l'autre les oreilles.
 Mais il nous dit de fuir un discord apparent
Du lieu que l'on nous donne, et du sujet qu'on prend,
Et de ne point placer dans un Tombeau des Festes,
Le Ciel contre nos piez, et l'Enfer sur nos testes.
 Il nous apprend à faire, avec détachement,
De groupes contrastez un noble ageancement,
Qui, du champ du Tableau fasse un juste partage
En conservant les bords un peu légers d'ouvrage,
N'ayant nul embarras, nul fracas vicieux
Qui rompe ce repos si fort amy des yeux;
Mais où, sans se presser, le groupe se rassemble
Et forme un doux concert, fasse un beau tout-ensemble,
Où rien ne soit à l'œil mandié, ny redit,
Tout s'y voyant tiré d'un vaste fonds d'esprit,
Assaisonné du sel de nos grâces antiques,
Et non du fade goust des ornemens Gothiques;
Ces monstres odieux des siècles ignorans,
Que de la Barbarie ont produit les torrens,

Quand leur cours, inondant presque toute la Terre,
Fit à la Politesse une mortelle guerre
Et, de la grande Rome abbatant les remparts,
Vint, avec son empire, étouffer les Beaux-Arts.

   Il nous montre à poser, avec noblesse et grâce,
La première Figure à la plus belle place,
Riche d'un agrément, d'un brillant de grandeur
Qui s'empare d'abord des yeux du Spectateur ;
Prenant un soin exact que, dans tout son ouvrage,
Elle joue aux regards le plus beau personnage,
Et que, par aucun rôle, au spectacle placé,
Le Héros du Tableau ne se voye effacé.

   Il nous enseigne à fuir les ornemens débiles
Des épisodes froids et qui sont inutiles ;
A donner au sujet toute sa vérité ;
A lui garder par tout pleine fidélité,
Et ne le point porter à prendre de licence,
A moins qu'à des beautez elle donne naissance.

   Il nous dicte amplement les leçons du Dessein*,
Dans la manière Grecque, et dans le goust Romain ;
Le grand choix du beau vray, de la belle nature,
Sur les restes exquis de l'antique sculpture,
Qui, prenant d'un sujet la brillante beauté,
En sçavoit séparer la foible vérité,

---

* *Il. Le Dessein, seconde partie de la Peinture.*

Et, formant de plusieurs une beauté parfaite,
Nous corrige par l'Art la Nature qu'on traite.
　Il nous explique à fond, dans ses instructions,
L'union de la Grâce et des Proportions ;
Les Figures par tout doctement dégradées,
Et leurs extrémitez soigneusement gardées ;
Les contrastes sçavans des membres agroupez,
Grands, nobles, étendus, et bien développez,
Balancez sur leur centre, en beautés d'attitude
Tous formez l'un pour l'autre avec exactitude,
Et n'offrant point aux yeux ces galimathias
Où la teste n'est point de la jambe, ou du bras ;
Leur juste attachement aux lieux qui les font naistre,
Et les muscles, touchez autant qu'ils doivent l'estre ;
La beauté des contours observez avec soin,
Point durement traitez, amples, tirez de loin,
Inégaux, ondoyans, et tenans de la flâme,
Afin de conserver plus d'action et d'âme ;
Les nobles airs de tête amplement variez,
Et tous au caractère amplement mariez.
Et c'est-là qu'un grand Peintre, avec pleine largesse,
D'une féconde idée étale la richesse,
Faisant briller par tout de la diversité,
Et ne tombant jamais dans un air répété.
Mais un Peintre commun trouve une peine extrême
A sortir, dans ses airs, de l'amour de soy-mesme ;

De redites sans nombre il fatigue les yeux,
Et, plein de son image, il se peint en tous lieux.

  Il nous enseigne aussi les belles draperies,
De grands plis bien jetez suffisamment nourries,
Dont l'ornement aux yeux doit conserver le nû,
Mais qui, pour le marquer, soit un peu retenu,
Qui ne s'y colle point, mais en suive la grâce,
Et, sans la serrer trop, la caresse et l'embrasse.

  Il nous montre à quel air, dans quelles actions
Se distinguent à l'œil toutes les passions ;
Les mouvemens du cœur, peints, d'une adresse extrême,
Par des gestes puisez dans la passion mesme,
Bien marquez pour parler, appuyés, forts et nets ;
Imitans en vigueur les gestes des Muets,
Qui veulent réparer la voix que la Nature
Leur a voulu nier ainsi qu'à la Peinture.

  Il nous étale enfin les mystères exquis
De la belle Partie où triompha Zeuxis*,
Et qui, le revestant d'une gloire immortelle,
Le fit aller du pair avec le grand Apelle ;
L'union, les concerts, et les tons des couleurs,
Contrastes, amitiez, ruptures et valeurs,
Qui font les grands effets, les fortes impostures,
L'achèvement de l'Art, et l'âme des Figures.

---

* *III. Le Coloris, troisième partie de la Peinture.*

Il nous dit clairement dans quel choix le plus beau
On peut prendre le jour et le champ du Tableau;
Les distributions et d'ombre, et de lumière,
Sur chacun des objets et sur la masse entière;
Leur dégradation dans l'espace de l'air
Par les tons différens de l'obscur et du clair,
Et quelle force il faut aux objets mis en place
Que l'approche distingue et le lointain efface;
Les gracieux repos que, par des soins communs,
Les bruns donnent aux clairs, comme les clairs aux bruns;
Avec quel agrément d'insensible passage
Doivent ces opposez entrer en assemblage;
Par quelle douce cheute ils doivent y tomber,
Et, dans un milieu tendre, aux yeux se dérober;
Ces fonds officieux qu'avec art on se donne,
Qui reçoivent si bien ce qu'on leur abandonne;
Par quels coups de pinceau, formant de la rondeur,
Le Peintre donne au plat le relief du Sculpteur;
Quel adoucissement des teintes de lumière
Fait perdre ce qui tourne et le chasse derrière,
Et comme, avec un champ fuyant, vague et léger,
La fierté de l'obscur sur la douceur du clair,
Triomphant de la toile, en tire avec puissance
Les Figures que veut garder sa résistance,
Et, malgré tout l'effort qu'elle oppose à ses coups,
Les détache du fond, et les amesne à nous.

Il nous dit tout cela, ton admirable ouvrage ;
Mais, illustre Mignard, n'en prens aucun ombrage,
Ne crains pas que ton art, par ta main découvert,
A marcher sur tes pas tienne un chemin ouvert,
Et que de ses leçons les grands et beaux oracles
Elèvent d'autres mains à tes doctes miracles.
Il y faut des talens que ton mérite joint,
Et ce sont des secrets qui ne s'apprennent point.
On n'acquiert point, Mignard, par les soins qu'on se donne
Trois choses, dont les dons brillent dans ta personne,
Les passions, la grâce, et les tons de couleur,
Qui des riches Tableaux font l'exquise valeur ;
Ce sont présens du Ciel, qu'on voit peu qu'il assemble,
Et les Siècles ont peine à les trouver ensemble.
C'est par-là qu'à nos yeux nuls travaux enfantez
De ton noble travail n'atteindront les beautez ;
Malgré tous les pinceaux, que ta Gloire réveille,
Il sera de nos jours la fameuse merveille,
Et des bouts de la Terre, en ces superbes lieux,
Attirera les pas des sçavans curieux.

O vous, dignes objets de la noble tendresse
Qu'a fait briller pour vous cette Auguste Princesse,
Dont au grand Dieu naissant, au véritable Dieu,
Le zèle magnifique a consacré ce lieu,
Purs Esprits, où du Ciel sont les grâces infuses,
Beaux temples des Vertus, admirables Recluses,

Qui, dans votre retraite, avec tant de ferveur,
Meslez parfaitement la retraite du cœur,
Et, par un choix pieux hors du Monde placées,
Ne détachez vers luy nulle de vos pensées,
Qu'il vous est cher d'avoir sans cesse devant vous
Ce tableau de l'objet de vos vœux les plus doux ;
D'y nourrir par vos yeux les précieuses flâmes
Dont si fidellement brûlent vos belles âmes ;
D'y sentir redoubler l'ardeur de vos desirs ;
D'y donner à toute heure un encens de soupirs,
Et d'embrasser du cœur une image si belle
Des célestes beautés de la Gloire éternelle,
Beautés qui dans leurs fers tiennent vos libertez,
Et vous font mépriser toutes autres beautez !

   Et toi, qui fus jadis la Maistresse du Monde,
Docte et fameuse Ecole, en raretez féconde,
Où les Arts déterrez ont, par un digne effort,
Réparé les dégâts des Barbares du Nort,
Source des beaux débris des siècles mémorables,
O Rome, qu'à tes soins nous sommes redevables
De nous avoir rendu, façonné de ta main,
Ce grand Homme, chez toy devenu tout Romain,
Dont le pinceau célèbre, avec magnificence,
De ses riches travaux vient parer nostre France,
Et dans un noble lustre y produire à nos yeux
Cette belle Peinture inconnue en ces lieux,

La Fresque, dont la grâce à l'autre préférée
Se conserve un éclat d'éternelle durée,
Mais dont la promptitude et les brusques fiertez
Veulent un grand génie à toucher ses beautez!
  De l'autre, qu'on connoist, la traittable méthode
Aux foiblesses d'un Peintre aisément s'accomode;
La paresse de l'huile, allant avec lenteur,
Du plus tardif génie attend la pesanteur;
Elle sçait secourir, par le temps qu'elle donne,
Les faux pas que peut faire un pinceau qui tâtonne;
Et, sur cette peinture, on peut, pour faire mieux,
Revenir, quand on veut, avec de nouveaux yeux.
Cette commodité de retoucher l'ouvrage
Aux peintres chancelans est un grand avantage,
Et, ce qu'on ne fait pas en vingt fois qu'on reprend,
On le peut faire en trente, on le peut faire en cent.
  Mais la Fresque est pressante, et veut, sans complaisance
Qu'un Peintre s'accommode à son impatience,
La traitte à sa manière et d'un travail soudain,
Saisisse le moment qu'elle donne à sa main.
La sévère rigueur de ce moment, qui passe,
Aux erreurs d'un pinceau ne fait aucune grâce;
Avec elle il n'est point de retour à tenter,
Et tout au premier coup se doit exécuter.
Elle veut un esprit où se rencontre unie
La pleine connoissance avec le grand génie,

Secouru d'une main propre à le seconder,
Et, maistresse de l'Art jusqu'à le gourmander;
Une main prompte à suivre un beau feu qui la guide;
Et dont, comme un éclair, la justesse rapide
Répande dans ses fonds, à grands traits non tastez,
De ses expressions les touchantes beautez.

   C'est par là que la Fresque, éclatante de gloire,
Sur les honneurs de l'autre emporte la victoire,
Et que tous les sçavans, en Juges délicats,
Donnent la préférence à ses masles appas.
Cent doctes mains chez elle ont cherché la louange;
Et Jules, Annibal, Raphaël, Michel-Ange,
Les Mignards de leur Siècle, en illustres rivaux,
Ont voulu par la Fresque ennoblir leurs travaux.

   Nous la voyons ici doctement revestue
De tous les grands attraits qui surprennent la veue.
Jamais rien de pareil n'a paru dans ces lieux,
Et la belle inconnue a frappé tous les yeux.
Elle a non-seulement, par ses grâces fertiles,
Charmé du grand Paris les connoisseurs habiles,
Et touché de la Cour le beau monde sçavant;
Ses miracles encor ont passé plus avant,
Et, de nos Courtisans les plus légers d'étude
Elle a pour quelque temps fixé l'inquiétude,
Arresté leur esprit, attaché leurs regards,
Et fait descendre en eux quelque goût des Beaux-Arts.

Mais ce qui, plus que tout, élève son mérite,
C'est de l'Auguste Roy l'éclatante visite,
Ce Monarque, dont l'âme aux grandes qualités
Joint un goût délicat des sçavantes beautez;
Qui, séparant le bon d'avec son apparence,
Décide sans erreur et loue avec prudence;
LOUIS, le grand LOUIS, dont l'esprit souverain
Ne dit rien au hazard, et voit tout d'un œil sain,
A versé de sa bouche à ses grâces brillantes
De deux précieux mots les douceurs chatouillantes,
Et l'on sçait qu'en deux mots ce Roy judicieux,
Fait des plus beaux travaux l'éloge glorieux.

    Colbert, dont le bon goust suit celuy de son Maistre,
A senty mesme charme, et nous le fait paroistre.
Ce vigoureus génie, au travail si constant,
Dont la vaste prudence à tous emplois s'étend,
Qui, du choix souverain, tient, par son haut mérite,
Du Commerce et des Arts la suprême conduite,
A d'une noble idée enfanté le dessein
Qu'il confie aux talens de cette docte main,
Et dont il veut par elle attacher la richesse
Aux sacrés murs du Temple, où son cœur s'intéresse*.
La voilà, cette main, qui se met en chaleur;
Elle prend les pinceaux, trace, étend la couleur,

---

* *Saint-Eustache.*

Empaste, adoucit, touche, et ne fait nulle pause.
Voilà qu'elle a finy ; l'Ouvrage aux yeux s'expose
Et nous y découvrons, aux yeux des grans experts,
Trois miracles de l'Art en trois tableaux divers.
Mais, parmy cent objets d'une beauté touchante,
Le Dieu porte au respect, et n'a rien qui n'enchante,
Rien, en grâce, en douceur, en vive majesté,
Qui ne présente à l'œil une Divinité ;
Elle est toute en ces traits si brillans de noblesse ;
La grandeur y paroît, l'équité, la sagesse,
La bonté, la puissance ; enfin ces traits font voir
Ce que l'esprit de l'homme a peine à concevoir.
Poursuis, ô grand Colbert, à vouloir, dans la France,
Des Arts que tu régis établir l'excellence,
Et donne à ce projet, et si grand et si beau,
Tous les riches momens d'un si docte pinceau.
Attache à des travaux, dont l'éclat te renomme,
Le reste précieux des jours de ce grand Homme.
Tels Hommes rarement se peuvent présenter,
Et, quand le Ciel les donne, il faut en profiter.
De ces mains, dont les Temps ne sont guère prodigues,
Tu dois à l'Univers les sçavantes fatigues ;
C'est à ton ministère à les aller saisir
Pour les mettre aux emplois que tu peus leur choisir,
Et, pour ta propre gloire, il ne faut point attendre
Qu'elles viennent t'offrir ce que ton choix doit prendre.

Les grands hommes, Colbert, sont mauvais Courtisans;
Peu faits à s'acquitter des devoirs complaisans,
A leurs réflexions tout entiers ils se donnent,
Et ce n'est que par-là qu'ils se perfectionnent.
L'Étude et la Visite ont leurs talens à part;
Qui se donne à la Cour, se dérobe à son Art;
Un esprit partagé rarement s'y consomme,
Et les emplois de feu demandent tout un homme.
Ils ne sauroient quitter les soins de leur mestier
Pour aller chaque jour fatiguer ton Portier,
Ny, par-tout près de toy, par d'assidus hommages,
Mandier des prosneurs les éclatans suffrages;
Cet amour de travail, qui toûjours règne en eux,
Rend à tous autres soins leur esprit paresseux,
Et tu dois consentir à cette négligence
Qui de leurs beaux talens te nourrit l'excellence.
Souffre que, dans leur Art s'avançant chaque jour,
Par leurs Ouvrages seuls ils te fassent leur cour.
Leur mérite à tes yeux y peut assez paroistre;
Consultes-en ton goust, il s'y connoist en maistre,
Et te dira toujours pour l'honneur de ton choix,
Sur qui tu dois verser l'éclat des grands emplois.
   C'est ainsi que des Arts la renaissante gloire
De tes illustres soins ornera la mémoire;
Et que ton nom, porté dans cent travaux pompeux,
Passera triomphant à nos derniers Neveux.

LA GLOIRE DU VAL-DE-GRACE

EXTRAIT DE LA VIE DE MIGNARD, PAR L'ABBÉ DE MONVILLE

Ce fut alors que la Reine-Mère vit enfin, au gré de ses souhaits, le Dôme du Val-de-Grâce élevé. Persuadée qu'il ne manqueroit rien à la magnificence de cet édifice si elle en faisoit peindre la Coupe par le sçavant Maître que Rome avoit rendu peu d'années avant à la France, cette Princesse confia ce grand ouvrage à Mignard, qui le finit en huit mois.

Les continuateurs de Moréry parlent en ces termes des peintures du Val-de-Grâce : « Elles se font admirer de tous les connoisseurs ; c'est le « plus grand morceau de peinture qui ait été fait en France. Il a acquis « une réputation immortelle à Mignard, dit le Romain. »

On peut dire en effet que le Val-de-Grâce n'est peut-être pas moins le triomphe de la Peinture que celui de Mignard. Jamais production de l'Art ne mérita mieux l'épithète italienne, dont il est si difficile de faire passer toute l'énergie en notre langue, *opera da stupire*. Il faut que l'auteur se soit élevé jusque dans le Ciel par la force de son imagination pour donner des idées si belles et si sublimes.

L'Agneau Paschal, environné d'Anges prosternés, et le Chandelier à sept branches viennent frapper d'abord le spectateur, que le premier regard ravit, charme, saisit. On lit au-dessous ces paroles : *Fui mortuus, et ecce sum vivens*. — *Apoc.*, cap. I, v. 18.

Plus haut, un Ange porte le Livre scellé de sept sceaux, dont il est parlé dans l'Apocalypse.

Le Signe adorable de la Croix est vû dans les airs à une distance supérieure, porté, soutenu et couronné par les Anges.

Dans le centre est une Gloire, où les trois personnes de la Trinité paroissent sur un thrône de nuées. La puissance, la grandeur, la majesté éclatent sur le visage et dans toute l'attitude du Père ; sa main droite est étendue ; de la gauche il tient le globe du Monde. Jésus-Christ est représenté tel que dans l'Ecriture, offrant à son Père les Elus qu'il lui a donnés, et faisant parler son sang répandu pour tous les hommes. L'Esprit-Saint, sous la forme d'une colombe, plane au milieu d'eux. Un vaste cercle de lumière les environne ; le jour qu'elle répand a quelque chose de surnaturel ; c'est un jour pur, c'est une clarté divine ; tout le sujet en est éclairé.

Les Chœurs des Anges, groupés dans cette lumière, composent le premier Ordre de la Cour céleste ; un grand nombre d'Anges forment des concerts ; d'autres, plus proches du thrône, se cachent de leurs ailes et baissent leurs yeux éblouïs.

Auprès de la Croix est la Sainte Vierge, à genoux sur un nuage, suivie, mais à quelque distance, de la Magdeleine et des autres pieuses femmes qui rendirent à Jésus mourant les honneurs de la sépulture. De l'autre côté on voit saint Jean-Baptiste dans une attitude grave et noble, tenant la Croix qui sert à le désigner.

A droite et à gauche de l'Agneau Paschal sont les quatre Pères de l'Eglise Latine. Les mistères de la Loi ancienne, mêlés avec les attributs de la Loi nouvelle, font voir la liaison éternelle des deux Testamens. A droite on reconnoît saint Ambroise et saint Jérôme ; le Pape saint Grégoire et saint Augustin sont à gauche, suivis de saint Louis et de la Reine Anne d'Autriche. Elle dépose sa couronne devant le Roi des Rois, et elle lui offre le Bâtiment qu'elle vient d'élever en son honneur. Un roulement de nuées sépare les deux Pères, qui sont à gauche, des Apostres et de ceux d'entre les Saints, que l'Eglise honore sous le nom de Confesseurs. Saint Benoist, Père de tous les Moines d'Occident dont les Religieuses du Val-de-Grâce suivent la Règle, est vu dans un rang éminent.

Une Légion innombrable de Martyrs occupent la place qui suit. Ils ont à leurs pieds les Fondateurs des Ordres Religieux. Sous cette partie de l'Eglise triomphante est écrit : *Laverunt stolas suas in sanguine Agni.* — *Apoc.*, cap. VIII, v. 14.

Moïse tenant les Tables de la Loi, Aaron, l'encensoir à la main, David, Abraham, Josué, Jonas, et quelques autres Saints de l'Ancien Testament forment le bas du tableau.

Les Anges, qui emportent l'Arche d'alliance, marquent excellemment que la Loi de Grâce a pris la place de la Loi figurative, et qu'on ne peut mériter le Ciel que par celui qui a dit qu'il étoit la voie, la vérité et la vie. Le passage qui est au-dessous ne laisse pas lieu de douter que ce n'ait été l'esprit du Peintre : *Salus Deo nostro et Agno.* — *Apoc.*, cap. VII, v. 16.

Le chaste troupeau des Vierges remplit tout ce qui reste de place. Le privilège qu'elles ont de suivre partout l'Agneau sans tache est expliqué par ces mots : *Sequuntur Agnum quocumque ierit.* — *Apoc.*, cap. XIV, v. 4.

On voit une foule d'Esprits célestes répandus dans différens endroits du tableau. Les uns apportent des palmes aux Vierges et aux Martyrs ; les autres font fumer l'encens en l'honneur du Très-haut. Rien n'est oublié de tout ce qui peut donner quelque idée de cette demeure que l'œil n'a point vue, que l'esprit humain ne sçauroit comprendre, de cette félicité, pleine et immuable, dont celui qui est l'auteur de toute félicité enyvre à jamais les Saints. *Sic exultant Sancti in gloriâ ; sic lœtantur in cubilibus suis*, lit-on au bas. — *Pseaume* 149.

Je ne m'étendrai pas sur la capacité avec laquelle Mignard a montré qu'il sçavoit appliquer les préceptes les plus profonds de son art. Molière l'a fait dans son Poëme ; j'y renvoie le Lecteur. Qu'il me soit seulement permis de dire que la gravure qu'on a fait de ce morceau peut être regardée comme la véritable école des attitudes et qu'elle fournira éternellement de sçavantes leçons aux Peintres qui voudront se perfectionner dans leur profession.

Mignard peignit encore depuis à fresque la Chapelle des Fonds de Saint-Eustache ; j'interromps ici l'ordre des temps pour ne pas séparer deux ouvrages que Molière a unis dans ses vers. Le tableau qui est à main droite représente le *Baptême de Notre-Seigneur par saint Jean.*

De l'autre côté est une *Circoncision* et, dans le plat-fond, l'on voit le *Père éternel* environné et soutenu par les Anges. On peut juger de l'excellence de ces trois tableaux par la description et par l'éloge qu'en a fait l'auteur de la Gloire du Val-de-Grâce.

Il y avoit déjà longtemps que Mignard méditoit un voyage à Avignon. Sa Femme l'y attendoit ; il l'avoit fait venir de Rome quand il fut tout à fait déterminé à rester en France. Ce ne fut qu'après avoir achevé le Val-de-Grâce qu'il lui fut possible de se rendre dans le Comtat. Il y resta jusqu'au mois de septembre 1664.

INTERMÈDES NOUVEAUX
DU
MARIAGE FORCÉ
Repris avec La Comtesse d'Escarbagnas (1672)

UNE HAUTE-CONTRE

Mon compère, en bonne foi,
Que dis-tu du Mariage ?

UN TÉNOR

Toi, comment de ton Ménage
Te trouves-tu ? Dis-le-moi.

LA HAUTE-CONTRE

Ma Femme est une Diablesse
Qui tempête jour et nuit ;

UN TÉNOR

La mienne est une traitresse
Qui fait bien pis que du bruit.

LES DEUX

Malheureux qui se lie
A ce sexe trompeur,

LE TÉNOR

Bizarre,

LA HAUTE-CONTRE

Extravagant.

LE TÉNOR

Infidèle,

LA HAUTE-CONTRE

Obstiné,

LE TÉNOR

Querelleur,

LA HAUTE-CONTRE

Arrogant.

LES DEUX

C'est renoncer au bonheur de la vie ;

LE TÉNOR

Tout le monde en dit autant,
Et pourtant
Chacun en fait la folie.

TRIO GROTESQUE

LA HAUTE-CONTRE

Amant aux cheveux gris, ce n'est pas chose étrange
     Que l'Amour sous ses lois vous range.

UNE BASSE

Pour le jeune ou pour le barbon
A tout âge l'amour est bon.

LE TÉNOR

Mais, si vous desirez de vous mettre en Ménage,
Ne vous adressez point à ces jeunes beautés ;
     Vous les rebutez,

LA HAUTE-CONTRE

Vous les dégoûtez,

LES TROIS

Et, bien loin de les faire à votre badinage,
Vous n'avez, bien souvent, que cornes en partage.

———

Airs pour la Haute-contre.

Belle ou laide, il n'importe guère,
Toute Femme est à redouter ;
Le Cocuage est une affaire

Que l'on ne sauroit éviter,
Et le mieux qu'on en puisse faire
Est de ne s'en point tourmenter.

Ah, quelle étrange extravagance
Que la crainte d'être Cocu ;
La vie a plusieurs maux dont on est convaincu
Et l'on en doit craindre la violence;
Mais craindre un mal qui n'est que dans notre croyance,
Ah, quelle étrange extravagance.

LES BOHÉMIENNES

SARABANDE

LES TROIS DESSUS

Les rossignols, dans leurs tendres ramages,
Du doux Printemps annoncent le retour ;
Tout refleurit, tout rit dans ces bocages.
Ah, belle Iris, le beau temps, le beau jour,
Si tu voulois m'accorder ton amour.

Flore se plaît au baiser du Zéphire,
Et ces oiseaux se baisent tour à tour ;
Rien que d'amour entre eux on ne soupire.
Ah, belle Iris, le beau temps, le beau jour,
Si tu voulois m'accorder ton amour.

..... Ils suivent tous l'amour qui les inspire.
Ah, belle Iris, le beau temps, le beau jour,
Si tu voulois imiter leur amour.

    Aimons-nous, aimable Silvie,
  Unissons nos desirs et nos cœurs,
Nos soupirs, nos langueurs, nos ardeurs
      Et passons notre vie
En des nœuds si remplis de douceurs.
   C'est blesser la loi naturelle
   De laisser passer des moments
Que l'on peut se rendre si charmants.
La saison du Printemps paroît belle,
  Et nos ans sont riants, tous comme elle,
Mais il faut y mêler la douceur des amours,
  Et, sans eux, il n'est point de beaux jours.

POÉSIES DIVERSES

EXPLICATION DES PLANCHES

GRANDE PLANCHE. — Mignard peignant le portrait de Molière. D'après le tableau de Jacques Leman.

A droite, Molière, assis contre une table, sur laquelle pose son bras gauche ; à gauche, Mignard, assis devant son chevalet. En arrière du centre, deux amis, amateurs, l'un vieux et l'autre jeune, assis sur des escabeaux, regardent un carton de dessins ou de gravures, et, derrière eux, dans l'embrasure de la porte dont un laquais soulève la portière, on voit entrer un Grand Seigneur solennel, le chapeau sur la tête et portant le grand Cordon de l'Ordre du Saint-Esprit.

Le lien de la composition est le joli blondin de gauche, appuyé contre un coffre et habillé à la dernière mode des jeunes Marquis. Il regarde le portrait par-dessus l'épaule de Mignard; il pose et doit être en train de dire quelque étonnante saugrenuité. Mignard s'interrompt de peindre et retourne la tête avec une expression à laquelle le jeune sot ne devrait pas se tromper. Molière, qui fait ses remarques d'observateur, sourit sans rien dire, et son ami Chapelle, assis derrière la table, regarde Molière sourire.

Quant au délicieux costume du jeune élégant, habillé tout de blanc, de rose et de bleu tendres, Molière l'a décrit dans le couplet de Sganarelle, à la première scène de l'*Ecole des Maris* : *Ne voudriez-vous point*, dit-il à son frère Ariste :

> *De vos jeunes muguets m'inspirer les manières,*
> *M'obliger à porter de ces petits chapeaux*
> *Qui laissent éventer leurs débiles cerveaux,*
> *Et de ces blonds cheveux, de qui la vaste enflure*
> *Des visages humains offusque la figure ?*
> *De ces petits pourpoints sous les bras se perdans,*
> *Et de ces grands colets jusqu'au nombril pendans ?*
> *De ces manches qu'à table on voit taster les sausses,*
> *Et de ces cotillons appelez haut-de-chausses ?*
> *De ces souliers mignons, de rubans revestus,*
> *Qui vous font ressembler à des pigeons patus,*
> *Et de ces grands canons, où, comme en des entraves,*
> *On met, tous les matins, ses deux jambes esclaves,*
> *Et par qui nous voyons ces Messieurs les Galans*
> *Marcher écarquillez ainsi que des volans.*

Le Peintre n'a fait, on le voit, que suivre la description de Molière, mais il l'a traduite et rendue avec bien de la grâce et de l'esprit.

Notice. — Lettre Y. Un petit Génie, nu et ailé. Il vole, en élevant de ses deux bras une couronne de feuillage et une palme.

Remerciement au Roy. — Faux titre. Cadre de rinceaux, accosté du profil de deux têtes de Satyres barbus, coiffés d'une couronne bizarre. Au centre du bas, la fleur de lis Florencée, comme celles qu'on aurait mises alors aux Gobelins sur les tables en mosaïques de pierres dures, qui étaient faites par des Florentins. En haut, comme couronnement, le sceptre fleurdelisé, la main de Justice et deux palmes en sautoir, sommées de la couronne fermée.

— En-tête. Une bande de rinceaux en largeur, ajourés comme un balcon en fer forgé. Au centre, un médaillon avec le profil de Louis XIV. Le tout est accompagné et surmonté de deux Génies féminins assis, qui croisent au-dessus une double palme, derrière laquelle irradient les rayons de la lumière du Soleil royal.

— Cul-de-lampe. Rinceaux ajourés en forme de console; au milieu de celle-ci la double L du Roi et les deux plumes à écrire du poète. Sur le plateau qui la couronne, Louis XIV, assis dans un fauteuil, le chapeau sur la tête et tenant une longue canne, écoute la harangue de la Muse Comique, travestie en jeune Marquis, qui vient saluer le Roi et tient de la main un fanion et une couronne de laurier, marque victorieuse des triomphes de la Poésie.

Poésies. — En-tête. Ornement en largeur de rinceaux ajourés, au milieu desquels une Muse assise, et tenant une plume.

La Gloire du Val-de-Grace. — Grand titre. Le titre se lit sur un cartouche, posé en avant du centre d'un long soubassement flanqué de deux piédestaux, sur la table antérieure desquelles sont inscrites, à gauche la date de 1645 et à droite celle de 1665, qui se rapportent à la pose de la première pierre et à l'achèvement de l'église. Sur ces piédestaux deux statues assises, la Peinture et la Poésie. Deux grandes palmes, posées derrière le cartouche du titre, s'évasent en éventail pour encadrer une vue de la façade de l'église. Les deux statues dans les niches du portail sont celles de saint Benoît et de sainte Scholastique par Michel Anguier, patrons naturels des Religieuses Bénédictines. On remarquera sur l'entablement du dôme, les grands médaillons où alternent une fleur de lis et le monogramme royal A L, *Anne* et *Louis*. Au-dessus des palmes et des deux côtés du dôme un génie nu et ailé porte ; à dextre, les armes de la Reine-Mère, fondatrice du Couvent, parties de France et d'Autriche; à senestre, celles du Couvent, posées sur la crosse abbatiale, écartelées au 1 et 4 de France, au 2 et 3 de gueules à la fasce d'argent.

Grande planche. — L'intérieur du haut du dôme qui vient d'être terminé et commence à être dégagé. Dans le fond et au-dessous, des restes de planchers sur lesquels des charpentiers achèvent d'ôter les échafaudages et les cordages, que l'un d'eux enlève presque sur la corniche. Au centre, sur l'étroite plate-forme d'une échelle à peindre, Mignard et Molière debout. Le peintre, en veston et coiffé d'un bonnet d'atelier, fait les honneurs de la Coupole à son ami Molière et lui explique le sujet de la composition et des groupes qu'il lui indique successivement. Molière, qui a ôté son chapeau pour pouvoir renverser la tête et regarder en l'air, écoute les explications de Mignard en même temps qu'il regarde la coupole pour fixer les souvenirs qui lui permettront d'écrire son Poëme.

— Frontispice. Les deux éditions originales du Poëme sont précédées du même frontispice, gravé par François Chauveau d'après une composition de Mignard lui-même. S'il était alors tout naturel que le Peintre se donnât la peine de faire honneur à l'œuvre du Poète qui faisait de lui un si bel éloge, il convient d'autant plus aujourd'hui de reproduire en fac-similé la vieille gravure que, les deux éditions originales étant plus que rares, elle est à peu près inconnue et n'a jamais été réemployée dans aucune des éditions illustrées.

Apollon, tenant sa lyre et entouré des neuf Muses et assis à l'ombre du bouquet de lauriers qui couronne l'Hélicon. A ses pieds les deux sources consacrées aux Muses, l'Aganippe et l'Hippocrène, « la Fontaine du cheval » qui avait jailli sous un coup de pied de Pégase. Au premier plan à droite, Minerve conduit par la main la Peinture au Dieu de la Poésie qu'elle lui montre.

La bordure de ce sujet, mince et étroite comme celle des cadres du temps, est supportée par deux cornes d'abondance, entre lesquelles une grosse tête de vieux Faune, barbu et couronné de pampres, forme mascaron. Sur la bordure du haut, au centre une lyre, formée d'une écaille de tortue et de deux cornes; au-dessus d'elle, la face du Soleil entourée de rayons. La lyre est accostée de deux palmes, sur chacune desquelles un aigle, prêt à s'envoler, retourne la tête vers le Soleil, dont il semble ne pouvoir supporter les rayons.

— En-tête. Chœur d'Anges musiciens, conduits par le bâton de leur chef d'orchestre. Les chanteurs tiennent leur cahier de musique; les instrumentistes jouent de l'orgue, de la flûte, du violon, du théorbe et de la lyre. D'après un groupe de la coupole.

— Lettre D. La Reine-Mère, agenouillée sur les nuages, vêtue d'une robe fleurdelisée et du manteau fleurdelisé et doublé d'hermine, accompagnée de sainte Anne, sa patronne, offre au Ciel le modèle du Temple qu'elle vient de faire construire; à ses pieds un coussin, sur lequel la couronne royale fermée. Partie de la fresque, qui figure dans la planche hors texte. Autour de la lettre flotte un phylactère avec l'inscription : Jesu nascenti virginique matri, qui est celle de la frise du portail de la Chapelle. Dans le milieu du bas du cadre carré, le monogramme AL (*Anne* et *Louis*).

— Cul-de-lampe, emprunté de même à la fresque. Un autel rond, accosté de deux encensoirs, dont les fumées, en s'écartant, lui font un encadrement évasé. Sur l'autel, le chandelier à sept branches et l'Agneau pascal égorgé. Au-dessus s'élève un Ange, tenant ouvert, au-dessus de sa tête, le Livre des sept sceaux ; sous ses ailes, à droite et à gauche, les têtes ailées de cinq Chérubins.

Cul-de-lampe final des Poésies diverses. — Deux petits Génies, assis sur les côtés d'un piédestal de rinceaux, font passer une guirlande de feuillages et de fleurs autour d'une lyre.

Anatole de Montaiglon.

Achevé d'imprimer a Évreux
Par Charles Hérissey
Le trente Juin Mil huit cent quatre-vingt-treize

Pour le compte d'Émile Testard
Éditeur a Paris

www.ingramcontent.com/pod-product-compliance
Lightning Source LLC
LaVergne TN
LVHW050639090426
835512LV00007B/937